일본어 회화 시리즈 1

일본문화와 함께 하는
회화여행
① 東京

김옥영
柳 郁子・森長 えみ子 저

ひらがな

あ a	い i	う u	え e	お o	
か ka	き ki	く ku	け ke	こ ko	
さ sa	し si	す su	せ se	そ so	
た ta	ち chi	つ tsu	て te	と to	
な na	に ni	ぬ nu	ね ne	の no	
は ha	ひ hi	ふ hu	へ he	ほ ho	
ま ma	み mi	む mu	め me	も mo	
や ya		ゆ yu		よ yo	
ら ra	り ri	る ru	れ re	ろ ro	
わ wa				を o	ん N

カタカナ

ア a	イ i	ウ u	エ e	オ o	
カ ka	キ ki	ク ku	ケ ke	コ ko	
サ sa	シ si	ス su	セ se	ソ so	
タ ta	チ chi	ツ tsu	テ te	ト to	
ナ na	ニ ni	ヌ nu	ネ ne	ノ no	
ハ ha	ヒ hi	フ hu	ヘ he	ホ ho	
マ ma	ミ mi	ム mu	メ me	モ mo	
ヤ ya		ユ yu		ヨ yo	
ラ ra	リ ri	ル ru	レ re	ロ ro	
ワ wa				ヲ o	ン N

머리말

일본어에 관심 있는 사람들은 흔히들 「어떻게 하면 회화를 잘 할 수 있나요」라는 질문을 합니다. 물론 회화를 잘 하려면 기초적인 문법과 단어를 익혀야함은 당연한 일입니다. 그러나 기초적인 문법과 단어를 익혔다고 해서 회화가 잘 된다고 만은 할 수 없습니다. 회화를 잘 하려면 기본적으로 우선 그 나라의 문화를 이해해야 됩니다. 이런 관점에서 이 책에서는 기초적인 문법과 단어를 사용하면서 일본사정까지 함께 익힐 수 있는 회화 책을 만들려고 노력했습니다.

이 회화 시리즈는 모두 3권으로 구성될 것이며, 일본의 여러 문화를 체험하기 위하여 등장인물들이 일본 각지를 돌아다니는 컨셉으로 엮었습니다. 또한 자연스런 회화 문형을 만들려고 고심하였습니다. 회화 책인 관계로 될 수 있는 한, 문법과 단어 해설은 간략하게 하였습니다.

이 책의 저자 3인 모두 다년간 일본어 교육을 해 왔으며, 그 경험을 바탕으로 충실한 회화교재를 만들기 위하여 최선을 다 하였습니다. 이 책을 통하여 학습자들에게 일본의 사정과 문화와 함께 일본어다운 회화가 빠른 시일에 익혀지기를 바랍니다.

공저자인 森長えみ子(もりながえみこ)교수와 柳郁子(りゅういくこ)교수는 저의 석사와 박사과정의 학생이기도 합니다. 한국인들을 위한 일본어 교육, 특히 회화교육에 열성을 다 해 종사하고 있습니다. 이런 두 교수와 함께 회화 교재를 내게 된 것을 진심으로 기쁘게 생각하며 이 책을 통해 일본어와 좋은 인연을 맺기를 바랍니다.

2003년 2월
새벽벌에서

김 옥 영

이책의 구성과 특징

구성

각과마다 「본문」 「본문어휘」 「해설」 「문형연습」 「문형어휘」 「회화연습」 「회화어휘」 「연습문제」 「문화」로 구성되어 있습니다.

「본문」 실제 사용되는 자연스런 회화문 속에 기본문형을 넣어서 엮었습니다. 한자는 각 페이지마다 첫 번째 나올 때 그 한자 위에 읽기를 달았습니다.

「본문어휘」 본문 중에 새로 나온 단어의 뜻을 달아 두었습니다.

「해설」 본문의 기본문형과 간명한 문법설명을 해 두었습니다.

「문형연습」 본문의 기본문형을 문형별로 5개씩 만들어 충분한 연습이 되도록 하였습니다.

「문형어휘」 문형연습에서 새로 나온 단어의 뜻을 달아 두었습니다.

「회화연습」 본문의 기본문형을 사용한 회화연습을 각 과마다 충실히 마련해 두었습니다.

「연습문제」 각 과의 중요 학습내용을 확인하고 복습할 수 있도록 문제를 만들어 두었습니다.

「문화」 각 과와 관련된 일본의 문화를 알기 쉽게 소개해 두었습니다.

특징

자연스런 회화문형으로 구성되어 있습니다.

본문의 중요문형에 대한 철저한 「문형연습」이 있습니다.

본문과 관련된 충분한 「회화연습」이 있습니다.

복습을 위한 「연습문제」가 있습니다.

일본의 사정 등 문화를 알기 위하여, 각 과와 관련된 「문화란」이 성실하게 꾸며져 있습니다.

일본어 표기의 기본인 상용한자를 1과부터 사용하고 있습니다.

각 과마다 「본문」→「문형연습」→「회화연습」의 3단계의 학습으로 이루어져, 누구든지 어렵지 않게 학습목표를 달성할 수 있도록 만들어져 있습니다.

본문의 학습목표를 충분히 익힐 수 있도록, 문형연습과 회화연습을 철저히 해두었으니, 본문뿐만 아니라 문형연습과 회화연습까지 반드시 함께 공부하기를 당부합니다.

등장인물

①山口博(やまぐちひろし)： 의료기기 무역회사의 계장이다. （山口）

②山口(やまぐち)みどり： 山口博의 부인이다. （みどり）

③閔容于(ミンヨンウ)： 慶応大学(けいおうだいがく) 의대 3학년이다. （閔）

④安素羅(アンソラ)： 早稲田大学(わせだだいがく) 일본어 일본문화 전공 1학년이다. （素羅）

⑤森明日香(もりあすか)： 早稲田大学(わせだだいがく) 일본어 일본문화 전공 1학년이다. （森）

⑥安美羅(アンミラ)： 일본어학교에서 일본어를 배우고 있다. （美羅） 만화학교 입학을 희망하고 있다.

⑦木村隼人(きむらはやと)： 전문학교에서 만화를 전공하고 있다. （木村）

⑧その他(た):　그 밖의 일시적인 등장인물

①②와 ③은 잘 아는 사이이다.
①이 5년 전 서울 지사에서 근무하던 시절부터 알고 있다.
③과 ④⑥과는 東京유학생회에서 알게 된 선후배 사이이다.
④⑥은 자매이다. ④가 언니이고, ⑥이 여동생이다.
④와 ⑤는 동급생이다.
⑥과 ⑦은 아르바이트하는 데서 알게 된 친구이다.

목차

1. はじめまして。 ……………………………………………………… 11

2. これは 何ですか。 …………………………………………………… 21

3. ここは どこですか。 ………………………………………………… 33

4. 今 何時ですか。 ……………………………………………………… 41

5. 暑いですね。 ………………………………………………………… 53

6. ここが 東京タワーですか。 ………………………………………… 65

7. 私は 相撲が 好きです。 ……………………………………………… 75

8. 歴史の 本は どこに ありますか。 ………………………………… 87

목차

9. いろんな 人が います. 99

10. おばあさんは おいくつですか. 109

11. 朝 何時に 起きますか. 119

12. お酒は よく 飲みますか. 129

13. 一緒に 初詣に 行きませんか. 141

14. 森さんは 何を しましたか. 151

15. 平日は 6時までで、土日は 8時までです. 161

1 はじめまして

본문어휘

こんにちは: 낮인사. 안녕 하세요?
おひさしぶり: 오래간만
です: 입니다
お: 존경의 접두어
元気だ: 건강하다
ですか: 입니까

ミン
閔　　：こんにちは。お久しぶりです。
みどり：こんにちは。お元気ですか。

11

閔:	こちらは 安素羅さんです。
素羅:	はじめまして。安です。
	どうぞ よろしく。
山口:	はじめまして。山口です。
	こちらこそ どうぞ よろしく。
	こちらは 家内です。
みどり:	安さんは 留学生ですか。
素羅:	はい、そうです。
	早稲田大学の 日本語科の 一年生です。

본문어휘

こちら: 이쪽
は: 은, 는
安: 인명(성)
～さん: ～씨
はじめまして: 처음 뵙겠습니다
どうぞ よろしく: 잘 부탁합니다
山口: 인명(성)
こそ: 이야말로
家内: 집사람, 아내
留学生: 유학생
はい: 예
そうです: 그렇습니다
早稲田大学: 대학교명
日本語科: 일본어과
の: 의
一年生: 일학년

1 해설

문형

「～は　～です。」
　こちらは 安素羅さんです。
　이 쪽은 안소라씨**입니다**.

「～は　～ですか。」
　安さんは 留学生ですか。
　안소라씨는 유학생**입니까**?

「～の　～です。」
　日本語科の 一年生です。
　일본어과(**의**) 일학년**입니다**.

自己紹介

A: はじめまして。　　　　　　　처음 뵙겠습니다.
　 (성, 또는 성명)です。　　　　(성명)입니다.
　 どうぞ よろしく。　　　　　잘 부탁합니다.
B: はじめまして。　　　　　　　처음 뵙겠습니다.
　 (성, 또는 성명)です。　　　　(성명)입니다.
　 こちらこそ どうぞ よろしく。　저야말로 잘 부탁합니다.

인사말

「こんにちは」

일본어에는 우리말의 「안녕하세요」에 해당하는 인사말이 다음과 같이 세 가지가 있다.

「おはようございます。」 「안녕하세요?」 아침에 하는 인사말이다.
 「안녕히 주무셨어요?」라는 인사도 된다.
「こんにちは。」 「안녕하세요?」 낮에 하는 인사말이다
「こんばんは。」 「안녕하세요?」 밤에 하는 인사말이다

「お久しぶりです。」 「오랜만입니다」
「お元気ですか。」 「안녕하세요?」「건강하세요?」
　보통 인사말에 쓰이는데, 조금 시간이 지난 다음에 만났을 때나 편지를 쓸 때 자주 쓰는 인사말이다.

「はじめまして。」 「처음 뵙겠습니다」
「どうぞ よろしく。」 「잘 부탁합니다」
　「どうぞ。」가 「자, 제발」의 뜻을, 「よろしく」가 「잘」의 뜻을 나타낸다. 보통 「부탁합니다(お願いします)」라는 말은 생략되기도 한다.

「は」

우리말의 「은, 는」에 해당하는 조사로 쓰일 때는 「ワ(wa)」로 발음한다.
　こちらは 家内です。　　　이쪽은 집사람입니다.

「の」

우리말의「의」에 해당된다. 그러나 우리말과 달리 **명사와 명사를 연결할 때 반드시 사용한다.**

早稲田大学の 日本語科の 一年生です。
早稲田대학교(의) 일본어과(의) 일학년입니다.

「지시대명사(방향)」

こちら	そちら	あちら	どちら
이 쪽	그 쪽	저 쪽	어느 쪽

2 문형연습

<自己紹介>

[金 ↔ 細田]
はじめまして。金です。

どうぞ よろしく。
はじめまして。細田です。
こちらこそ どうぞ よろしく。

[李(イー) ↔ 木村(きむら)]
はじめまして。李です
どうぞ よろしく。
はじめまして。木村です。
こちらこそ どうぞ よろしく。

[洪(ホン) ↔ 古平(こだいら)]
はじめまして。洪です
どうぞ よろしく。
はじめまして。古平です。
こちらこそ どうぞ よろしく。

<～ は ～です。>
こちらは 田中(たなか)さんです。
こちらは 中村(なかむら)さんです。
こちらは 孫(ソン)さんです。
こちらは 姜(カン)さんです。
こちらは 大西(おおにし)さんです。

<～ は ～ですか。>　　　<はい、そうです。>
田中さんは 弁護士ですか。　　はい、そうです。
中村さんは 会社員ですか。　　はい、そうです。
孫さんは 看護婦ですか。　　　はい、そうです。

1. はじめまして

姜さんは 大学生ですか。　　　　はい、そうです。
大西さんは 新聞記者ですか。　　はい、そうです。

＜〜の 〜です。＞

東京大学の 留学生です。
韓国の キムチです。
日本の たくあんです。
私の 本です。
彼の くつです。

연습어휘

金 인명(성)　　　　細田 인명(성)　　　　李 인명(성)
木村 인명(성)　　　洪 인명(성)　　　　　古平 인명(성)
田中 인명(성)　　　中村 인명(성)　　　　孫 인명(성)
姜 인명(성)　　　　大西 인명(성)　　　　弁護士 변호사
会社員 회사원　　　看護婦 간호사　　　　大学生 대학생
新聞記者 신문기자　韓国 한국　　　　　　キムチ 김치
日本 일본　　　　　たくあん 단무지　　　私 나
本 책　　　　　　　彼 그 남자　　　　　くつ 구두

「인칭대명사」

私 _{わたし}	あなた	彼、彼女 _{かれ　かのじょ}	だれ
나	당신	그 남자, 그 여자	누구

3 연습문제

1. 일본어로 자기소개를 해봅시다.

2. 다음 단어를 사용하여 보기와 같이 문을 바꾸시오.

> 보기: 安さん、会社員
>
> → 安さんは 会社員ですか。
> 　はい、そうです。 会社員です。

1) 田中さん、新聞記者

　→ ＿＿＿＿＿は ＿＿＿＿＿ですか。
　　はい、そうです。 ＿＿＿＿＿です。

1. はじめまして

2) 木村さん、看護婦

→ _____は_____ですか。
はい、そうです。_____です。

3) 彼、留学生

→ _____は_____ですか。
はい、そうです。_____です。

3. 다음 단어를 사용하여 보기와 같이 문을 바꾸시오.

> 보기: 私、くつ
> → 私の くつです。

① 細田さん、キムチ

→ _____。

② 閔さん、本

→ _____。

③ 会社、係長(계장)

→ _____。

문화

名刺 (명함)
めいし

　옛날 중국에서 대나무를 깎아서 이름을 적은 데서 「名刺」라고 불리게 되었다. 일본에서는 처음 사람을 만나 인사를 나눌 때 명함을 주고받는 것이 예의로 되어 있다. 가죽이나 천으로 만든 명함 케이스에 넣고 다니는 사람이 많다. 우리나라는 주로 사업을 하는 사람들이 주고받는데 반해 일본에서는 대학생 대학원생 등 대부분의 사람들이 명함을 만들고 있는 것으로 보아, 우리보다는 명함문화가 정착되어 있다고 할 수 있다. 사회인이 되면 만나는 사람들도 많이 일일이 다 외우기 어려운데 명함을 받아 보관해 두면 편리하다.

2 これは 何ですか。

本문어휘

おじゃまします: 실례하겠습니다
いらっしゃい: 어서 오세요
どうぞ: 자, 부디, 청컨대
これ: 이것
韓国: 한국
お土産: 선물
ありがとうございます: 고맙습니다
何: 무엇
人参茶: 인삼차

閔:	おじゃまします。
みどり:	いらっしゃい。どうぞ。
素羅.美羅:	これは 韓国の お土産です。
みどり:	ありがとうございます。 これは 何ですか。
素羅:	韓国の 人参茶です。

본문어휘

おもち: 떡
いいえ: 아니오
それ: 그것
じゃありません: 이 아닙니다
おまんじゅう: 찐빵, 호빵, 만두따위
も: 도
お煎餅(せんべい): 전병

みどり: どうぞ。
美羅: これは おもちですか。
みどり: いいえ、それは おもちじゃ ありません。
　　　　おまんじゅうです。
美羅: これも おまんじゅうですか。
みどり: いいえ、それは お煎餅(せんべい)です。

2. これは 何ですか。

1 해설

문형

「~は　~じゃ ありません。」
　それは おもちじゃ ありません。
　그것은 떡이 아닙니다.

인사말

「おじゃまします」
「실례하겠습니다」

남의 집등을 방문해서 안으로 들어 갈 때 하는 인사말이다.
원래는 「방해하겠습니다」 라는 뜻이다.

「いらっしゃい」　　「어서 오세요」
「ありがとうございます」　　「고맙습니다」
「どうぞ」　「자 ~」

영어의 Please에 속하는 말로, 뒤의 동작은 생략되어서 사용되는 경우가 많다. 음식을 가리키면서 「どうぞ」 라고 하면 먹으라는 것이 되고, 의자를 가리키면서 「どうぞ」 라고 하면 앉으라는 것이 된다.

「じゃ ありません」

「です」의 부정이다.
おもちです。　→　おもちじゃ ありません。
떡입니다.　→　　떡이 아닙니다.

「지시대명사(사물)」

これ	それ	あれ	どれ
이것	그것	저것	어느 것

2 문형연습

＜おじゃまします。＞

失礼(しつれい)します。
いただきます。
ごちそうさまでした。
ありがとうございます。
すみません。

<これは 何ですか。>

それは つくえですか。
あれは パソコンですか。
それは ボールペンですか。
これは みかんですか。
おもちは どれですか。

<これも おまんじゅうです。>

それも お煎餅です。
あれも 時計です。
これも 消しゴムです。
それも 教科書です。
あれも 絵です。

<これは おもちじゃ ありません。>

それは お煎餅じゃ ありません。
あれは テレビじゃ ありません。
これは 鉛筆じゃ ありません。
それは くつじゃ ありません。
あれは 電話じゃ ありません。

<これは 韓国の お土産です。>

これは 私の かばんです。
それは 富士山の 写真です。
あれは 東京の 地図です。
それは 英語の 本です。
あれは インテリアの 雑誌です。

연습어휘

失礼(しつれい)します 실례합니다　　いただきます 잘 먹겠습니다　　ごちそうさまでした。 잘 먹었습니다.
すみません 미안합니다　　つくえ 책상　　あれ 저것
パソコン 컴퓨터　　ボールペン 볼펜　　みかん 귤
どれ 어느 것　　時計(とけい) 시계　　消(け)しゴム 지우개
教科書(きょうかしょ) 교과서　　絵(え) 그림　　テレビ 텔레비전
鉛筆(えんぴつ) 연필　　くつ 구두　　電話(でんわ) 전화
私(わたし) 나　　かばん 가방　　富士山(ふじさん) 산 이름
写真(しゃしん) 사진　　東京(とうきょう) 지명　　地図(ちず) 지도
英語(えいご) 영어　　本(ほん) 책　　インテリア 인테리어
雑誌(ざっし) 잡지

3 회화연습

1. A: お茶(ちゃ) どうぞ。
   B: いただきます。
   A: この お菓子(かし)も どうぞ。
   B: はい、どうも ありがとうございます。

2. A: ごちそうさまでした。
   B: おそまつさまでした。

3. **A:** ありがとうございます。
   B: どういたしまして。

4. **A:** これは 何_{なん}ですか。
   B: つくえです。
   A: これも つくえですか。
   B: いいえ、それは いすです。

5. **A:** これは きゅうすですか。
   B: はい、そうです。
   A: これも きゅうすですか。
   B: いいえ、それは きゅうすじゃ ありません。
   やかんです。

6. **A:** 李_{イー}さんは 韓国人_{かんこくじん}ですか。
   B: はい、そうです。
   A: 王_{ワン}さんも 韓国人ですか。
   B: いいえ、韓国人じゃ ありません。
   中国人_{ちゅうごくじん}です。

7. **A:** これは 誰_{だれ}の 写真_{しゃしん}ですか。
   B: それは 私_{わたし}の 主人_{しゅじん}の 写真です。
   A: あれは 誰の 写真ですか。
   B: 子供_{こども}の 写真です。

회화어휘

この 이
どういたしまして 천만에요
やかん 주전자
誰 누구

どうも 대단히, 매우
いす 의자
韓国人 한국인
主人 남편

おそまつさまでした 소찬이었습니다
きゅうす 다관, 찻주전자
中国人 중국인
子供 어린이, 아이

6 연습문제

1. 그림을 보고 문장을 완성해 봅시다.

1) 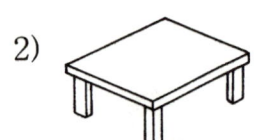　　これは 何 ですか。
　　　　それは _____ です。

2) 　　それは いすですか。
　　　　いいえ、_____ 。
　　　　_____ 。

3) 　　あれは おもちですか。
　　　　はい、_____ 。

2. ___에 적당한 말을 넣어봅시다.

1) これは 新聞ですか。(新聞: 신문)
   はい、_____ 。

2) それは 緑茶ですか。(緑茶: 녹차)
   いいえ、_____。
   これは _____ です。

3) _____ は _____ですか。
   いいえ、それは けいたいじゃ ありません。(けいたい: 휴대폰)

3. 옆에 있는 사람에게 물어 봅시다.

1) これは あなたの_____ですか。(消しゴム)
   はい、_____ は _____ の _____ 。

2) それも あなたの_____ですか。(筆箱: 필통)
   いいえ、_____ も _____ の _____ 。

문화

まんじゅう

밀가루등에 단술이나 중소등을 넣어 반죽한 것에 팥소를 넣고 쪄서 만드는 과자이다. 밀가루에 술을 넣어 만드는 「酒まんじゅう」, 메밀가루로 피를 만드는 「そばまんじゅう」 등이 있다.

중국의 만두가 기원인데, 중국의 만두는 속에 고기랑 야채를 넣지만, 일본에서는 팥소를 넣는 것이 많다. 曆応(1338~1342)년간 중국에서 귀국한 林浄因이 奈良에서 만들기 시작한 奈良饅頭가 원조라고 한다.

煎餅
せんべい

구워 만든 과자의 일종으로 瓦煎餅(かわらせんべい)계통과 塩煎餅(しおせんべい)계통이 있다. 瓦煎餅(かわらせんべい)는 밀가루, 설탕, 계란 등을 섞어서 틀에 부어 군것으로 한국의 전병과 같다. 塩煎餅(しおせん べい)는 쌀을 곱게 빻아 가루를 만들어 쪄서 처대어 평평하게 밀어서 여러 모양으로 말린 후, 간장(옛날엔 소금)으로 조미해서 구운 것이다. 한국의 쌀 과자가 여기에 해당된다.

MEMO NOTE

3 ここは どこですか。

본문어휘
ここ: 여기
どこ: 어디
御徒町(おかちまち): 역명
上野駅(うえのえき): 역명
まだ: 아직
つぎ: 다음

素羅: ここは どこですか。
乗客(じょうきゃく): ここは 御徒町(おかちまち)です。
美羅: 上野駅(うえのえき)は まだですか。
乗客: 上野駅は つぎです。

公園口:	공원쪽 출구
動物園:	동물원
右:	오른쪽
アメ横:	지명,「アメリカ横丁」를 뜻함
駅:	역
前:	앞
あの:	저
建物:	건물
上野の森:	미술관명
森:	숲
美術館:	미술관

素羅: ここは どこですか。
森: ここは 上野公園口です。
美羅: 上野動物園は どこですか。
森: 上野動物園は 右です。
素羅: アメ横は どこですか。
森: アメ横は 駅の 前です。
素羅: あの 建物は 何ですか。
森: あれは 上野の森 美術館です。

3. ここは どこですか。

1 해설

「지시대명사(장소, 연체사)」

	ここ	そこ	あそこ	どこ
장소	여기	거기	저기	어디
연체사	この	その	あの	どの
	이	그	저	어느

「장소명사」

전후좌우

前(まえ)	後(うし)ろ	右(みぎ)	左(ひだり)	隣(となり)	横(よこ)
앞	뒤	오른 쪽	왼 쪽	옆(이웃)	옆(횡)

동서남북

東(ひがし)	西(にし)	南(みなみ)	北(きた)
동	서	남	북

상하 안팎

上(うえ)	下(した)	中(なか)	外(そと)
위	아래	안	밖

2 문형연습

<ここは 御徒町です。>

ここは 東京駅です。
そこは 交番です。
そこは ホテルです。
あそこは 図書館です。
あそこは 早稲田大学です。

<上野動物園は 右です。>

お手洗いは 左です。
デパートは 南です。
銀行は 東です。
スイッチは 右です。
ポストは 左です。

<アメ横は 駅の 前です。>

郵便局は 市役所の 隣です。
病院は 学校の 後ろです。
商店街は 駅の 前です。
カセットは つくえの 上です。
ゴミ箱は テーブルの 横です。

3. ここは どこですか。

<あの 建物は 何ですか。>

この 建物は 都庁ですか。
その 箱は 何ですか。
この 本は 教科書ですか。
あの 花は コスモスですか。
あの 人は イギリス人ですか。

문형어휘

交番 파출소	ホテル 호텔	図書館 도서관
お手洗い 화장실	デパート 백화점	銀行 은행
スイッチ 스위치	ポスト 우체통	郵便局 우체국
市役所 시청	病院 병원	学校 학교
商店街 상점가	カセット 카세트	上 위
ゴミ箱 쓰레기통	テーブル 테이블, 탁자	都庁 東京시청
箱 상자	花 꽃	コスモス 코스모스
人 사람	イギリス人 영국인	

3 회화연습

1. A: ここは どこですか。
   B: ここは 中野です。
   A: 新宿は まだですか。
   B: 新宿は 次です。

2. A: ここは どこですか。
   B: ここは 吉祥寺です。
   A: 東急デパートは どこですか。
   B: 東急デパートは 東口です。

3. A: 中央公園は どこですか。
   B: 中央公園は 都庁の 前です。
   A: プリンスホテルは どこですか。
   B: プリンスホテルは 都庁の 横です。

4. A: あの 建物は 何ですか。
   B: あれは 郵便局です。
   A: では、あれは 何ですか。
   B: 消防署です。

회화어휘

中野 지명	新宿 지명	吉祥寺 지명
東急デパート 백화점명	東口 동쪽 출구	中央公園 공원 이름
プリンスホテル 호텔명	では 그러면	消防署 소방서

4 연습문제

1. 다음 질문에 ( )의 단어를 사용하여 답하시오.

　1) ここは どこですか。
　　　＿＿＿＿＿＿＿＿＿＿＿＿＿＿＿＿＿＿。(上野駅)
　2) ここは どこですか。
　　　＿＿＿＿＿＿＿＿＿＿＿＿＿＿＿＿＿＿。(新宿)
　3) ここは どこですか。
　　　＿＿＿＿＿＿＿＿＿＿＿＿＿＿＿＿＿＿。(南口)
　4) 上野動物園は どこですか。
　　　＿＿＿＿＿＿＿＿＿＿＿＿＿＿＿＿＿＿。(上野公園口)
　5) アメ横は どこですか。
　　　＿＿＿＿＿＿＿＿＿＿＿＿＿＿＿＿＿＿。(しのばず口)

2. 다음 문장을 일본어로 바꾸시오.

　1) 이 건물은 무엇입니까?
　　　＿＿＿＿＿＿＿＿＿＿＿＿＿＿＿＿＿＿＿＿＿＿＿＿＿。

　2) 우체국은 학교 앞입니다.
　　　＿＿＿＿＿＿＿＿＿＿＿＿＿＿＿＿＿＿＿＿＿＿＿＿＿。

　3) 저 사람은 중국어 선생님입니다.
　　　＿＿＿＿＿＿＿＿＿＿＿＿＿＿＿＿＿＿＿＿＿＿＿＿＿。

문화

上野公園
うえのこうえん

東京都 台東区에 있는 공원이다. 벚꽃의 명소이다. 국립과학박물관, 국립박물관, 국립서양미술관, 東京시립미술관, 東京예술대학, 東京문화회관, 上野도서관, 上野동물원 등이 있다. 上野동물원에는 中日평화우호조약 체결시에 중국으로부터 일본에 보내어 진 팬더곰이 있다.

4 今 何時ですか。

본문어휘

今: 지금
何時: 몇 시
2時: 두 시
10分: 십 분
バイト: アルバイト의 준말, 아르바이트
から: 부터
5時: 다섯 시
半: 반

美羅: 今 何時ですか。
木村: 2時 10分です。
美羅: バイトは 何時からですか。
木村: 5時 半からです。

美羅: 何時までですか
木村: 夜 10時までです。
美羅: お休みは 何曜日ですか。
木村: 月曜日です。
美羅: バイト先は どこですか。
木村: 渋谷の ハチ公前の とんかつ屋です。

본문어휘

まで: 까지
夜: 밤
10時: 열 시
お休み: 휴일
何曜日: 무슨 요일
月曜日: 월요일
バイト先: 아르바이트하는 곳
渋谷: 지명
ハチ公: 개 이름
とんかつ屋: 돈까스 집

1 해설

문형

「～からです。」

5時 半からです。
ごじ はん

다섯시 반부터입니다.

「～までです。」

夜 10時までです。
よる じゅうじ

밤 열시까지입니다.

時(じ): 시

一時(いちじ)	二時(にじ)	三時(さんじ)	四時(よじ)
五時(ごじ)	六時(ろくじ)	七時(しちじ)	八時(はちじ)
九時(くじ)	十時(じゅうじ)	十一時(じゅういちじ)	
十二時(じゅうに じ)		何時(なんじ)	

分(ふん): 분

一分(いっぷん)	二分(にふん)	三分(さんぷん)
四分(よんぷん)	五分(ごふん)	六分(ろっぷん)
七分(ななふん、しちふん)		八分(はっぷん、はちふん)
九分(きゅうふん)		十分(じゅっぷん、じっぷん)
何分(なんぷん)		

曜日(ようび): 요일

月曜日(げつようび)	火曜日(かようび)	水曜日(すいようび)	木曜日(もくようび)
金曜日(きんようび)	土曜日(どようび)	日曜日(にちようび)	何曜日(なんようび)

2 문형연습

<2時 10分です。>

3時 20分です。
5時 40分です。
11時 5分です。
9時 半です。
7時 15分です。

<バイトは 何時からですか。>

会社は 何時からですか。
学校は 何時からですか。
映画は 何時からですか。
コンサートは 何時からですか。

試験は 何時からですか。

<夜 10時までです。>

朝 6時までです。
午後 3時までです。
夕方 5時までです。
午前 9時までです。
夜 11時までです。

<お休みは 月曜日ですか。>

試験は 火曜日ですか。
休館日は 木曜日ですか。
開校記念日は 水曜日ですか。
コンパは 金曜日ですか。
母の日は 日曜日ですか。

<アルバイト先は どこですか。>

勤め先は どこですか。
出張先は どこですか。
下宿先は どこですか。
旅行先は どこですか。
取引先は どこですか。

<渋谷の ハチ公前の とんかつ屋です。>

新宿駅前の 花屋です。
東京駅前の 本屋です。
学校の 前の 文房具屋です。
会社の 前の 郵便局です。
皇居の 前の 広場です。

문형어휘

会社 회사　　　　　　映画 영화　　　　　　コンサート 콘서트
試験 시험　　　　　　朝 아침　　　　　　　午後 오후
夕方 저녁　　　　　　午前 오전　　　　　　休館日 휴관일
開校記念日 개교기념일　コンパ 학생들의 모임, 회식　母の日 어머니 날
勤め先 근무처　　　　出張先 출장지　　　　下宿先 하숙집
旅行先 여행지　　　　取引先 거래처　　　　花屋 꽃가게
本屋 책방　　　　　　文房具屋 문방구점　　皇居 궁성
広場 광장

3 회화연습

1. A: 今 何時ですか。
   B: 9時 50分です。
   A: テストは 何時からですか。
   B: 10時からです。

2. A: きょうの 授業は 何時までですか。
   B: 3時までです。
   A: あしたの 授業は 何時からですか。
   B: 9時からです。

3. A: きょうは 何曜日ですか。
   B: 水曜日です。
   A: 会社の お休みは 何曜日ですか。
   B: 土曜日と 日曜日です。

4. A: 勤め先は どこですか。
   B: 新宿駅前の 都庁です。
   A: 下宿先は どこですか。
   B: 都庁の 近くです。

5. A: 旅行先は どこですか。
   B: 北海道です。
   A: いつからですか。
   B: 金曜日からです。

회화어휘

テスト 시험
あした 내일
いつ 언제

きょう 오늘
近く 근처, 부근

授業 수업
北海道 지명

6 연습문제

1. 그림을 보고 문장을 완성해 봅시다.

例) 今 何時ですか。

　10時です　。

1) 今 何時ですか。

_____。

2) 今 何時ですか。

_____。

3) 今 何時ですか。

_____。

4. 今 何時ですか。

2. 밑줄에 적당한 말을 넣어봅시다.

1) 今 何時ですか。
   ＿＿＿＿＿＿＿＿＿＿です。
2) 授業は 何時からですか。
   ＿＿＿＿＿＿＿＿＿＿からです。
3) 銀行は 何時から 何時までですか。
   ＿＿＿＿＿から＿＿＿＿＿までです。
4) お休みは いつですか。
   ＿＿＿＿＿曜日です。
5) テストは いつから いつまでですか。
   ＿＿＿＿＿曜日から ＿＿＿＿＿曜日までです。
6) アルバイト先は どこですか。
   ＿＿＿＿＿ の＿＿＿＿＿ です。

3. 다음 문장을 일본어로 바꾸시오.

1) 일본어 시험은 몇 시부터 몇 시까지입니까?
   ＿＿＿＿＿＿＿＿＿＿＿＿＿＿＿＿＿＿＿＿＿＿＿＿＿＿＿＿＿＿。
2) 휴일은 화요일이 아닙니다.
   ＿＿＿＿＿＿＿＿＿＿＿＿＿＿＿＿＿＿＿＿＿＿＿＿＿＿＿＿＿＿。
3) 아르바이트하는 곳은 학교 앞의 책방입니다.
   ＿＿＿＿＿＿＿＿＿＿＿＿＿＿＿＿＿＿＿＿＿＿＿＿＿＿＿＿＿＿。

문화

渋谷・ハチ公

　渋谷는 東京都 渋谷区의 지명으로 국철 山手線 渋谷역과 東京東横線, 지하철銀座線, 井の頭線의 터미널이다. 부근에 백화점 등 상점가가 발달한 東京 부도심의 하나이다.

　ハチ公는 大正12年(1923) 秋田県에서 태어난 개다. 東京帝国大学 農学部 교수이었던 上野英三朗박사가 키우게 되어「ハチ」라고 이름을 지어 주었다. 교수는「ハチ」를 귀여워했고,「ハチ」는 매일 교수를 배웅하고 마중을 했다.

　그러나 교수는「ハチ」가 겨우 두 살도 되기 전에 갑자기 뇌일혈로 쓰러져 죽는다. 교수가 죽고 난 후에도「ハチ」는 비가 오나 바람이 부나 매일같이 교수를 기다렸다.

　그런「ハチ」의 모습은 많은 사람들에게 깊은 감명을 주어 충견「ハチ公」라고 불리게 되어, 昭和9年(1934) 4월 渋谷역 앞에「忠犬ハチ公銅像」이 세워졌다.

とんかつ

明治(めいじ)시대에 서양에서 들어온 커틀렛이 원조이다. 프라이팬으로 굽고 있던 쇠고기 커틀렛이 돼지고기 커틀렛으로 바뀌었고, 밀가루, 계란, 빵가루를 묻혀 튀기는 돈까스가 되었다.

MEMO NOTE

5 暑いですね。

본문어휘

暑い: 덥다
ね: 종조사, ~군요
ええ: 네, 「はい」보다 덜 격식 갖춘 말
韓国: 한국
夏: 여름
でも: 그렇지만
日本: 일본
より: 보다
くありません: 형용사의 부정형, ~지 않습니다
隅田川: 東京를 흐르는 강이름
花火: 폭죽, 불꽃(놀이)
大会: 대회
そうですか: 그렇습니까?
人: 사람
が: 이, 가
多い: 많다

素羅: 暑いですね。
木村: ええ、暑いですね。
    韓国の 夏も 暑いですか。
美羅: 暑いです。
    でも、日本の 夏よりは 暑く ありません。
森: きょうは 隅田川の 花火大会です。
素羅: そうですか。
    きょうは 人が 多いですね。

본문어휘	

あっ: 앗, 놀람을 나타내는 감탄사
きれいだ: 예쁘다, 아름답다
1発(いっぱつ): 한 발
2発(にはつ): 두 발
3発(さんぱつ): 세 발
4発(よんはつ): 네 발
5発(ごはつ): 다섯 발
5連発(ごれんぱつ): 오 연발
すごい: 굉장하다
楽(たの)しみ: 즐거움, 낙

木村: あっ、花火(はなび)だ。
美羅: きれいですね。
森: 1発(いっぱつ)、2発(にはつ)、3発(さんぱつ)、4発(よんはつ)、5発(ごはつ)、5連発(ごれんぱつ)ですね。
素羅: 日本(にほん)の 花火大会(はなびたいかい)は すごいですね。
木村: 花火大会は 日本の 夏(なつ)の 楽(たの)しみです。

5. 暑いですね。

1 해설

문형

「形容詞終止形 + です。」

暑いです。　　　덥습니다

「～も　形容詞終止形 + ですか。」

韓国の 夏も 暑いですか。

한국의 여름도 덥습니까?

「～よりは　形容詞語幹 + く ありません。」

日本の 夏よりは 暑く ありません。

일본의 여름보다는 덥지 않습니다.

형용사

우리말의 형용사에 해당하는 일본어에는 「暑い」와 같이 **어미가 「い」인 형용사**와, 「きれいだ」와 같이 **어미가 「だ」인 형용동사**가 있는데, 이과에서는 우선 형용사만 보기로 한다.

(형용사를 「イ형용사」, 형용동사를 「ナ형용사」라고도 한다.)

어미는 모두 「い」로 끝난다.

| 예) 暖(あたた)かい | 暑(あつ)い | 寒(さむ)い |
| 따뜻하다 | 덥다 | 춥다 |

정중형은 어미(「い」) 뒤에 「です」를 붙인다.

| 예) 暖かいです | 暑いです | 寒いです |
| 따뜻합니다 | 덥습니다 | 춥습니다 |

부정형은 어미인 「い」를 「く」로 바꾼 뒤에 「ありません」을 붙인다.

| 예) 暖かく ありません | 暑く ありません | 寒く ありません |
| 따뜻하지 않습니다 | 덥지 않습니다 | 춥지 않습니다 |

수사

漢数詞: 일, 이, 삼 ～ 십

一(いち)	二(に)	三(さん)	四(し、よん)
五(ご)	六(ろく)	七(しち)	八(はち)
九(く、きゅう)	十(じゅう)	十一(じゅういち)	十二(じゅうに)
百(ひゃく)	千(せん)	万(まん)	

和数詞: 하나, 둘, 셋 ~ 열, 열 하나, 열 둘

一つ(ひとつ)	二つ(ふたつ)	三つ(みっつ)	四つ(よっつ)
五つ(いつつ)	六つ(むっつ)	七つ(ななつ)	八つ(やっつ)
九つ(ここのつ)	十(とお)	十一(じゅういち)	十二(じゅうに)

2 문형연습

<暑いですね。>

広いですね。
長いですね。
大きいですね。
高いですね。
多いですね。

<韓国の 夏も 暑いですか。>

日本の 春も 暖かいですか。
中国の 秋も 涼しいですか。
アメリカの 冬も 寒いですか。
インドの 山も 低いですか。
タイの 果物も おいしいですか。

<　人が　多いですね。　>

　　部屋が　狭いですね。
　　ズボンが　短いですね。
　　帽子が　小さいですね。
　　カメラが　安いですね。
　　本が　少ないですね。

<　日本の　夏よりは　暑く　ありません。　>

　　富士山よりは　高く　ありません。
　　東京よりは　大きく　ありません。
　　新幹線よりは　速く　ありません。
　　ソウルの　冬よりは　寒く　ありません。
　　日比谷公園よりは　広く　ありません。

<　1発、2発、3発、4発、5発、5連発ですね。　>

　　一つ、二つ、三つ、四つ、五つ、五つですね。
　　一冊、二冊、三冊、四冊、五冊、五冊ですね。
　　一人、二人、三人、四人、五人、五人ですね。
　　一本、二本、三本、四本、五本、五本ですね。
　　一足、二足、三足、四足、五足、五足ですね。

発(はつ): 총알이나 폭죽을 쏠 때 사용한다.

一発(いっぱつ)	二発(にはつ)	三発(さんぱつ)	四発(よんはつ)
五発(ごはつ)	六発(ろっぱつ)	七発(ななはつ)	八発(はっぱつ)
九発(きゅうはつ)	十発(じゅっぱつ)	何発(なんぱつ)	

冊(さつ): 책, 공책 등을 셀 때 사용한다.

一冊(いっさつ)	二冊(にさつ)	三冊(さんさつ)	四冊(よんさつ)
五冊(ごさつ)	六冊(ろくさつ)	七冊(ななさつ)	八冊(はっさつ)
九冊(きゅうさつ)	十冊(じゅっさつ)	何冊(なんさつ)	

人(にん): 사람을 셀 때 사용한다.

一人(ひとり)	二人(ふたり)	三人(さんにん)	四人(よにん)
五人(ごにん)	六人(ろくにん)	七人(しちにん)	八人(はちにん)
九人(くにん)	十人(じゅうにん)	十一人(じゅういちに)	何人(なんにん)

本(ほん): 연필, 막대기, 병 등 가늘고 긴 것을 셀 때 사용한다.

一本(いっぽん)	二本(にほん)	三本(さんぼん)	四本(よんほん)
五本(ごほん)	六本(ろっぽん)	七本(ななほん)	八本(はっぽん、はち
九本(きゅうほん)	十本(じゅっぽん)	何本(なんぼん)	

足(そく): 구두, 양말 등을 셀 때 사용한다.

一足(いっそく)	二足(にそく)	三足(さんぞく)	四足(よんそく)
五足(ごそく)	六足(ろくそく)	七足(ななそく)	八足(はっそく)
九足(きゅうそく)	十足(じゅっそく)	何足(なんぞく)	

문형어휘

広い 넓다
高い 높다
中国 중국
アメリカ 미국
インド 인도(국명)
タイ 태국
部屋 방
短い 짧다
カメラ 카메라
少ない 적다
速い 빠르다

長い 길다
春 봄
秋 가을
冬 겨울
山 산
果物 과일
狭い 좁다
帽子 모자
安い 싸다
富士山 산 이름
ソウル 서울

大きい 크다
暖かい 따뜻하다
涼しい 시원하다
寒い 춥다
低い 낮다
おいしい 맛있다
ズボン 바지
小さい 작다
本 책
新幹線 열차명, 일본에서 가장 빠른 열차
日比谷公園 공원 이름

3 회화연습

1. A: あなたの 部屋は 広いですか。
   B: はい、広いです。
   A: 木村さんの 部屋も 広いですか。
   B: いいえ、広く ありません。狭いです。

2. A: 学校は 近いですか。
   B: はい、近いです。
   A: 郵便局も 近いですか。
   B: いいえ、近く ありません。遠いです。

3. A: 韓国の 山は 高いですか。
   B: はい、高いです。
   A: 日本の 山よりも 高いですか。
   B: いいえ、高く ありません。低いです。

4. A: 日本の 冬は 寒いですか。
   B: はい、寒いです。
   A: 韓国の 冬より 寒いですか。
   B: いいえ、寒く ありません。暖かいです。

5. A: 日本の 着物は きれいですね。
   B: 韓国の チマチョゴリも きれいです。
   A: 日本の 着物も 韓国の チマ チョゴリも とても きれいです。

6. A: 東京は 人が 多いですね。
   B: ソウルも 人が 多いです。
   A: 東京も ソウルも 人が 多いです。

회화어휘

あなた 당신	いいえ 아니오	近い 가깝다
遠い 멀다	山 산	着物 일본의 민속의상, 옷
チマ 치마	チョゴリ 저고리	とても 매우, 아주
低い 낮다	暖かい 따뜻하다	

4 연습문제

1. 다음 예)와 같이 문장을 바꾸시오.

> 예) 日本の 冬は 寒いです。
> → 日本の 冬は 寒く ありません。

1) 東京大学は 大きいです。
   → _____。

2) 私の 部屋は 広いです。
   → _____。

3) 彼女の 髪は 長いです。(髪:머리)
   → _____。

2. a)~h)에서 알맞은 말을 골라 다음 ____ 곳에 써넣으시오. (중복 가능)

> **a.** じゃ ありません　**b.** 面白い　**c.** 高い　**d.** も　**e.** より
> **f.** く ありません　**g.** が　**h.** 多い

1) 韓国の 山は 高いですか。
   はい、_____です。
   日本の 山____高いですか。
   いいえ、高_____。

2) この 本は 面白いですか。(面白い:재미있다)
   はい、_____です。
   あの 本____面白いですか。
   いいえ、面白_____。

3) 東京は 車＿＿多いですね。(車:차, 자동차)
   ええ、＿＿＿＿ですね。
   東京＿ ソウル＿＿車が 多いですね。

3. 다음 문장을 일본어로 바꾸시오.

1) 우체국도 가깝습니다.
   ＿＿＿＿＿＿＿＿＿＿＿＿＿＿＿＿＿＿＿。

2) 백두산보다는 높지 않습니다.
   ＿＿＿＿＿＿＿＿＿＿＿＿＿＿＿＿＿＿＿。

3) 오늘은 사람이 많군요.
   ＿＿＿＿＿＿＿＿＿＿＿＿＿＿＿＿＿＿＿。

문화

花火
はなび

花火종류는 대부분 긴 통에 넣어서 쏘아 올리는 打上げ花火와 장치를 해서 사물을 형태를 만드는 仕掛花火와 아이들이 즐겨하는 線香花火등이 있다. 여름 축제 시기에는 일본의 각지에서 花火대회가 열리는데, 겨울에 열리는 곳도 있어 일본의 큰 연중행사의 하나로 되어 있다.

일본에서는 일반 가정에서도 편의점등에서 사와 근처 공원에서 가족이랑 친구들과 즐긴다. 종류도 매우 다양하고 손쉽게 즐길 수가 있다.

6 ここが東京タワーですか。

본문어휘

東京タワー: 東京타워
で: 에서
一番: 제일, 가장
タワー: 탑
高さ: 높이
どれくらい: 어느 정도, 얼마
メートル: 미터
エッフェル塔: 에펠탑

美羅: ここが 東京タワーですか。
森: ええ、そうです。
　　 日本で 一番 高い タワーです。
素羅: 高さは どれ くらいですか。
森: 333メートルです。
　　 エッフェル塔より 高いです。

본문어휘	

皇居(こうきょ): 궁성
ずいぶん: 몹시, 퍽
広さ(ひろさ): 넓이
約(やく): 약
３４万(さんじゅうよんまん): 34만
坪(つぼ): 평
辺(へん): 주변, 부근
隣(となり): 이웃, 옆

素羅: 皇居(こうきょ)は どこですか。
森: あそこです。
素羅: ずいぶん 広(ひろ)いですね。
　　　 広(ひろ)さは どれ くらいですか。
森: 約(やく)３４万(さんじゅうよんまん)坪(つぼ)です。
美羅: 日比谷公園(ひびやこうえん)は どの 辺(へん)ですか。
森: 皇居(こうきょ)の 隣(となり)です。

1 해설

문형

「 ～で 一番 ～です。」
日本で 一番 高い タワーです。
일본에서 제일 높은 타워입니다.

「形容詞連体形 + 名詞 です。」
高い タワーです。
높은 타워입니다.

「形容詞名詞形 は どれ くらいですか。」
高さは どれ くらいですか。
높이는 어느 정도입니까?

형용사

연체형: 형용사의 종지형(～い)과 같다.

- タワーが 高い。　　　(종지형)
  타워가 높다.　　　　　↑↓
- 高い タワー　　　　　(연체형)
  높은 타워

명사형: 형용사의 어미 「い」를 「さ」로 바꾸어 만든다.

예) 深い → 深さ　　　　　重い → 重さ
　　깊다 → 깊이　　　　　무겁다 → 무게

2 문형연습

<ここが 東京(とうきょう)タワーですか。>

ここが 新宿(しんじゅく)ですか。
ここが 渋谷駅(しぶやえき)ですか。
そこが 台所(だいどころ)ですか。
あそこが 皇居(こうきょ)ですか。
あそこが 上野(うえの)ですか。

<高(たか)さは どれ くらいですか。>

広(ひろ)さは どれ くらいですか。
重(おも)さは どれ くらいですか。
長(なが)さは どれ くらいですか。
深(ふか)さは どれ くらいですか。
大(おお)きさは どれ くらいですか。

<日本(にほん)で 一番(いちばん) 高(たか)い タワーです。>

日本で 一番 長(なが)い トンネルです。
日本で 一番 大きい 湖(みずうみ)です。
世界(せかい)で 一番 新(あたら)しい コンピューターです。
世界で 一番 高い ダイヤです。
韓国(かんこく)で 一番 広(ひろ)い 公園(こうえん)です。

<ひ び や こうえん>
<日比谷公園は どの 辺ですか。>

東京大学は どの 辺ですか。
東京都庁は どの 辺ですか。
御徒町は どの 辺ですか。
中央郵便局は どの 辺ですか。
日本銀行は どの 辺ですか。

문형어휘

台所 부엌
長さ 길이
長い 긴, 길다
湖 호수
コンピューター 컴퓨터
広い 넓은, 넓다

広さ 넓이
深さ 깊이
トンネル 터널
世界 세계
高い 비싼, 비싸다
中央 중앙

重さ 무게
大きさ 크기
大きい 큰, 크다
新しい 새로운, 새롭다
ダイヤ 다이어
日本銀行 은행이름, 일본은행

3 회화연습

1. A: ここが 東京タワーですか。
   B: はい、そうです。
   A: エッフェル塔より 高いですか。
   B: ええ、高いです。

2. A: あなたの 背の 高さは どれ くらいですか。
   B: １８０ cm です。
   A: ずいぶん 高いですね。
   B: あなたは どれくらいですか。
   A: １６０ cmです。

3. A: 日本で 一番 長い トンネルは どこですか。
   B: 青函トンネルです。
   A: 長さは どれくらいですか。
   B: ５３.８５ km です。

4. A: 早稲田大学は どの 辺ですか。
   B: 高田馬場駅の 近くです。
   A: 慶応大学は どの 辺ですか。
   B: 中野駅の 近くです。

회화어휘

背 키
青函 터널명
km 킬로미터
高さ 크기 (背が 高い:키가 크다)
・(点) 점
近く 근처
高田馬場駅 역명
慶応大学 대학명

6 연습문제

1. 그림을 보고 보기와 같이 ____에 알맞은 말을 써넣으시오.

あの かばんは 大きいですか。(小さい)
いいえ、大きく ありません。
小さいです。

1)

この 時計は 高いですか。(安い)
いいえ、_____。
_____。

2)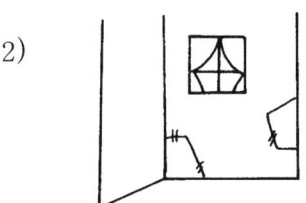

あなたの 部屋は 広いですか。(狭い)
いいえ、_____。
_____。

3)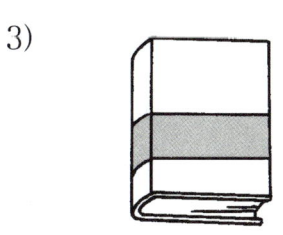

この 本は 古いですか。(新しい)
いいえ、_____。
_____。

(古い:오래되다)

2. 옆 사람에게 물어 봅시다.

1) あなたの 背の 高さは どれ くらいですか。
　　_____ cm です。
2) 韓国で 一番 高い 山は どこですか。
　　_____ です。
3) あなたの 家は どこですか。
　　_____ の 近くです。
4) 韓国で 一番 長い 川は どこですか。
　　_____ です。
　長さは どれくらいですか。
　　_____ km です。
　アマゾン川より 長いですか。（アマゾン川: 아마존강）
　いいえ、_____ です。

3. 다음 문장을 일본어로 바꾸시오.

1) 한국에서 제일 넓은 공원입니다.
　_____。
2) 이 강의 길이는 얼마입니까?
　_____。
3) 상당히 길군요.
　_____。

문화

東京タワー

　東京都 港区 芝公園에 있는 전파탑으로 東京시내의 각 텔레비전 방송국의 송신 안테나를 집약시키고 있다. 昭和33年(1958)에 완성되었고, 높이는333m로 세계에서 제일 높다.
　전망대에서 東京전경이 보이며, 東京의 심벌이기도 하여 관광 명소로 알려져 있다.

日比谷公園
ひ び や こうえん

東京都 千代田区에 소재한 공원으로 明治시대에는 육군 연병장이었다. 당초부터「도시의 공원」으로 계획, 설계, 조성된 본격적인 공원임과 동시에 일본 최초의「서양식 정원」이다. 대소야외음악당과 공회당이 있고, 화단에는 일년 내내 철철이 아름다운 꽃이 피어, 부근의 회사 밀집지역에 근무하는 사람들의 휴식장소로 되어 있다.

7 私は 相撲が 好きです。

본문어휘

相撲(すもう): 씨름
有名だ(ゆうめい): 유명하다
好きだ(す): 좋아하다
が: 을, 를

関: 日本(にほん)の 相撲(すもう)は 有名(ゆうめい)ですね。
山口: 関(ミン)さんは 相撲は 好(す)きですか。
関: ええ、私(わたし)は 相撲が 好きです。

山口:	ここが 国技館です。
閔:	私 国技館は はじめてです。
山口:	好きな お相撲さんは だれですか。
閔:	私は 若の花の ファンです。
山口:	貴の花は どうですか。
閔:	あまり 好きでは ありません。

본문어휘

国技館: 국기관, 일본의 국기가 씨름임
はじめて: 처음
お相撲さん: 씨름선수
だれ: 누구
若の花: 씨름선수이름
ファン: 팬
貴の花: 씨름선수 이름
どうですか: 어떻습니까?
あまり: 그다지, 별로 뒤에 부정형이 옴.
では ありません: 형용동사의 부정형. ~지 않습니다

1 해설

문형

「~は 形容動詞語幹(けいようどうしごかん) + ですね。」
 相撲(すもう)は 有名(ゆうめい)ですね。
 씨름은 유명하군요.

「~は ~が 形容動詞語幹 + です。」
 私(わたし)は 相撲が 好きです。
 나는 씨름을 좋아합니다.

「形容動詞語幹 + な 名詞(めいし)」
 好きな お相撲さん
 좋아하는 씨름선수

「あまり 形容動詞語幹 + では ありません。」
 あまり 好きでは ありません。
 그다지 좋아하지 않습니다.

형용동사

형용동사는 **형용사와 함께 우리말의 형용사에 해당**된다.
어미는 모두 「だ」로 끝난다.
<ナ형용사라고도 한다..>

예) 有名だ	好きだ	きれいだ
유명하다	좋아하다	예쁘다

정중형: 어미「だ」를 「です」로 바꾼다.

예) 有名だ → 有名です	好きだ → 好きです
유명하다 　　유명합니다	좋아하다 　　좋아합니다

(정중)**의문형**: 「です」에 「か」를 붙인다.

예) 有名です → 有名ですか	好きです → 好きですか
유명합니다 　　유명합니까	좋아합니다 　　좋아합니까

연체형: 어미「だ」를 「な」로 바꾼다.

예) 有名だ → 有名な 人	好きだ → 好きな 人
유명하다 　　유명한 사람	좋아하다 　　좋아하는 사람

(정중)**부정형**: 「だ」를 「では ありません」으로 바꾼다.

예) 有名だ → 有名では ありません	好きだ → 好きでは ありません
유명하다 　유명하지 않습니다	좋아하다 　좋아하지 않습니다

「が」

원래 조사「이, 가」의 뜻인데, **일부 형용동사의 경우는「을, 를」의 뜻을 나타내기도 한다.**

일본어에서는 형용동사인데, 우리말에서는 동사이기 때문이다.

- 人が 多いです。

  사람이 많습니다.
- 花が 好きです。　　薬が きらいです。　　料理が 上手です。

  꽃을 좋아합니다.　　약을 싫어합니다.　　요리를 잘 합니다

2 문형연습

<日本の 相撲は 有名ですね。>

佐藤さんは まじめですね。
日本の 着物は きれいですね。
山口さんは 親切ですね。
韓国の キムチは 有名ですね。
ここは 静かですね。

<閔さんは 相撲は 好きですか。>

山口さんは サッカーは 好きですか。
金さんは 料理は 上手ですか。

安さんは 納豆は きらいですか。
上野さんは スポーツは 得意ですか。
高橋さんは お酒は 好きですか。

<私は 相撲が 好きです。>

彼は サッカーが 好きです。
彼女は 料理が 上手です。
私は 納豆が きらいです。
彼は スポーツが 得意です。
私は お酒が 好きです。

<好きな お相撲さんは だれですか。>

好きな 食べ物は 何ですか。
きれいな 歌手は だれですか。
きらいな 色は 何色ですか。
静かな 公園は どこですか。
得意な 科目は 何ですか。

<貴の花は あまり 好きでは ありません。>

金さんは あまり 親切では ありません。
日本語は あまり 上手では ありません。
納豆は あまり 好きでは ありません。
スポーツは あまり 得意では ありません。
料理は あまり 上手では ありません。

7. 私は 相撲が 好きです。

문형어휘

佐藤 인명
キムチ 김치
上手だ 잘 하다, 능숙하다
上野 인명(성)
高橋 인명(성)
彼女 그 여자, 그녀
歌手 가수
静かだ 조용하다

まじめだ 성실하다
静かだ 조용하다
納豆 청국장처럼 띄운 콩, 낫또
スポーツ 운동, 스포츠
お酒 술, 정종
彼 그, 그 남자
色 색, 색깔
科目 과목

親切だ 친절하다
料理 요리
きらいだ 싫어하다
得意だ 특히 잘하다
サッカー 축구
食べ物 음식
何色 무슨 색
公園 공원

3 회화연습

1. A: 山口さんは キムチが 好きですか。
   B: はい、好きです。
   A: 佐藤さんも キムチが 好きですか。
   C: いいえ、私は あまり 好きでは ありません。

2. A: 木村さんは スポーツは 得意ですか。
   B: はい、得意です。
   A: どんな スポーツが 得意ですか。
   B: 私は サッカーが 得意です。

3. A: アンさんは きらいな 食べ物は 何ですか。
   B: キムチ チゲです。
   A: きらいな 日本の 食べ物は 何ですか。
   B: 納豆が きらいです。

4. A: 日本の 相撲は 有名ですね。
   B: はい、有名です。私は 貴の花の ファンです。
   C: 私は 武蔵丸の ファンです。

회화어휘

どんな 어떤　　　　チゲ 찌개　　　　武蔵丸 씨름선수명

지시대명사(연체형)

こんな	そんな	あんな	どんな
이런	그런	저런	어떤

7. 私は 相撲が 好きです。

4 연습문제

1. _____ 안에 알맞은 말을 써넣으시오.

1) A: 金さんは お酒が 好きですか。
   B: はい、_____ 。

2) A: _____ スポーツが _____ 。
   B: 私は テニスが 好きです。(テニス: 테니스)

3) A: 安さんは、納豆が 好きですか。
   B: いいえ、納豆は あまり_____ 。

2. 다음 예)와 같이 문장을 바꾸시오.

예) 山口さんは キムチが 好きです。(食べ物)
    → 山口さんが 好きな 食べ物は キムチです。

1) 彼は サッカーが 好きです。(スポーツ)
    → _____ 。

2) 彼女は カレーが 上手です。(料理)
    → _____ 。

3) 木村さんは 数学が 得意です。(科目)
    → _____ 。

3. 다음 문장을 일본어로 바꾸시오.

1) 특히 잘하는 과목은 무엇입니까?
   _____ 。

2) 佐藤씨는 성실하시군요.
   _____ 。

3) 木村씨는 영어를 잘 합니다.
   _____ 。

문화

相撲
すもう

相撲(일본씨름)의 역사는 길어 「日本書紀」에도 「相撲」라는 문자가 보인다.

일본의 국기인 相撲의 인기는 젊은이로부터 나이 든 사람에게까지 매우 높게 뿌리를 내리고 있다. 力士(씨름꾼)의 칭호는 최강인 「橫綱」부터 「大関」 「関脇」 「小結」 등이 있고, 현재는 1월, 3월, 5월, 7월, 9월, 11월에 걸쳐 6번의 정규 시합이 열리고 있다.

매 시합은 동서 양군으로 나뉘어 15일간 시합을 하는데, 8번 이상 이기면 「勝越し」라 하여 이긴 것이 되고, 8번 이상 지면 「負越し」라 하여 진 것이 된다. 「橫綱」는 「負越し」가 두 번 이상 되면 선수를 그만 두어야 되지만, 그 밖의 선수들은 한 단계씩 내려가게 되어 있다.

한국과 달리 모래판에서 밀려나면 지게 되어 있고, 체급이 없으므로 몸무게가 많이 나가는 사람이 유리하다.

MEMO NOTE

8 歴史の 本は どこに ありますか。

素羅: この 辺に 大きな 本屋は ありませんか。
森: そうですね。
新宿の 紀伊国屋か 神田の 三省堂は 大きいですよ。
神田は 古本屋も たくさん あります。
素羅: 専門書や 論文なども ありますか。
森: 専門書は ありますが、論文は 国会図書館の 方が いいですよ。

본문어휘

この 辺: 이 근방, 이부근
に: 에
大きな: 큰, 커다란
ありません: 없습니다
そうですね: 글쎄요
紀伊国屋: 서점명
か: ~이나, ~인지
神田: 지명
三省堂: 서점명
よ: ~어요
古本屋: 헌책방
たくさん: 많이
あります: 있습니다
専門書: 전문서
や: ~랑
論文: 논문
ありますか: 있습니까
が: ~(지)만,
など: 등
国会図書館: 국회도서관
方: 편, 쪽
いい: 좋다

素羅: 歴史の 本は 何階ですか。
店員: 3階でございます。
素羅: どうも。

素羅: 歴史の 本は どこに ありますか。
店員: 日本の 歴史ですか、世界の 歴史ですか。
素羅: 日本の 歴史です。
店員: 日本の 歴史は 左でございます。
素羅: ありがとうございます。

본문어휘

歴史: 역사
何階: 몇층
3階: 3층
でございます: 입니다, 「です」의 공손형
世界: 세계
ありがとうございます: 고맙습니다

1 해설

문형

존재문형

「あります」: 스스로 공간이동을 할 수 없는 사물이나 나무 등의 존재를 나타낸다.
・부정형은 「ありません」이다.

기본문형: 「 ～に ～が あります。」
ここに 本屋が あります。
여기에 책방이 있습니다.

기타문형: 「 ～に ～は ありませんか。」
この辺に 大きな 本屋は ありませんか。
이 근방에 큰 책방은 없습니까?
「 ～は ～に ありますか。」
歴史の 本は どこに ありますか。
역사책은 어디에 있습니까?

など문형

기본문형: 「～や ～や などが あります。」
鉛筆や ボールペンや 消しゴムなどが あります。
연필이랑 볼펜이랑 지우개 등이 있습니다.

기타문형: 「~や ~なども あります。」
　　　　　専門書や 論文なども あります。
　　　　　전문서랑 논문 등도 있습니다.

「~の 方が いいです。」
　国会図書館の 方が いいです。
　국회도서관 쪽이 좋습니다(낫습니다).

階: 층을 셀 때 사용한다.

一階(いっかい)	二階(にかい)	三階(さんがい)	四階(よんかい)
五階(ごかい)	六階(ろっかい)	七階(ななかい)	八階(はちかい)
九階(きゅうかい)	十階(じゅっかい)	何階(なんがい)	

2 문형 연습

<この辺に 大きな 本屋は ありませんか。>

　この辺に お手洗いは ありませんか。
　この辺に 三越デパートは ありませんか。
　うちに かぜ薬は ありませんか。
　テーブルの 上に めがねは ありませんか。
　下宿先に お風呂は ありませんか。

8. 歴史の 本は どこに ありますか。

＜専門書や 論文なども ありますか。＞

ネクタイや ハンカチなども ありますか。
うどんや ラーメンなども ありますか。
花屋や 八百屋なども ありますか。
鉛筆や ノートなども ありますか。
桜の 木や 梅の 木なども ありますか。

＜歴史の 本は 何階ですか。＞

食品売り場は 一階ですか。
あなたの 家は 何階ですか。
内科は 三階ですか。
研究室は 二階ですか。
食堂は 九階ですか。

＜歴史の 本は どこに ありますか。＞

財布は どこに ありますか。
本屋は どこに ありますか。
銀行は どこに ありますか。
お手洗いは どこに ありますか。
とんかつ屋は どこに ありますか。

＜専門書は ありますが、論文は ありません。＞

ビールは ありますが、ウイスキーは ありません。
うどんは ありますが、そばは ありません。
扇風機は ありますが、クーラーは ありません。
ボールペンは ありますが、鉛筆は ありません。
ジュースは ありますが、水は ありません。

<論文は 国会図書館の 方が いいですよ。>

婦人服は イタリア製の 方が いいですよ。
食事は 韓国料理の 方が いいですよ。
家は マンションの 方が いいですよ。
旅行は 海外旅行の 方が いいですよ。
故郷は 田舎の 方が いいですよ。

문형어휘

三越 백화점명	デパート 백화점	うち 집
かぜ薬 감기약	テーブル 테이블, 탁자	上 위
めがね 안경	お風呂 목욕탕	ネクタイ 넥타이
ハンカチ 손수건	うどん 우동	ラーメン 라면
八百屋 채소가게	鉛筆 연필	桜 벚, 벚나무, 벚꽃
桜の木 벚나무	梅 매화, 매화나무, 매화꽃	食品 식품
売り場 매장	家 집	内科 내과
研究室 연구실	食堂 식당	財布 지갑
ビール 맥주	ウイスキー 위스키	そば 메밀국수
扇風機 선풍기	クーラー 쿨러	ボールペン 볼펜
ジュース 쥬스	水 물, 찬물	

8. 歴史の 本は どこに ありますか。

4 회화연습

1. A: この 辺に ポストは ありますか。
   B: そうですね。あそこに 郵便局が ありますよ。
   A: キャッシュ コーナーは ありますか。
   B: はい、あります。

2. A: スポーツ用品 売り場は 何階ですか。
   B: 4階です。
   A: 子供服 売り場は 何階ですか。
   B: 7階です。

3. A: お手洗いは どこに ありますか。
   B: あちらです。
   A: ありがとうございます。
   B: いいえ、どういたしまして。

4. A: 地下に レストランは ありますか。
   B: はい、ありますが、食事は 屋上の 方が いいですよ。
   A: そうですか。
   B: 屋上には いろんな 国の 料理が あります。

회화어휘

ポスト 우체통　　　　**キャッシュコーナー** 현금지급기, 현금코너　　　**スポーツ用品** 스포츠용품
子供服 어린이 옷　　　**どういたしまして** 천만에요　　　　　　　　　　**地下** 지하
レストラン 레스토랑　**いろんな** 여러 가지의, 다양한　　　　　　　　　**屋上** 옥상
国 나라　　　　　　　**食事** 식사

6 연습문제

1. 그림을 보고 답해 봅시다.

1) A: つくえの (　　　　)に 何が ありますか。
   B: カセット テープレコーダーが あります。

2) A: テーブルの (　　　　)に 何が ありますか。
   B: ゴミ箱が あります。

3) A: テレビは どこに ありますか。
   B: (　　　　)の (　　　　)に あります。

4) A: コンピューターは どこに ありますか。
   B: (　　　　)の (　　　　)に あります。

5) A: いすの 前に 何が ありますか。
   B: (　　　　)が あります。

8. 歴史の 本は どこに ありますか。

2. 다음 한국어를 일본어로 옮기시오.

1) 이 근처에 슈퍼는 없습니까(슈퍼 スーパー)
   _____。

2) 일 층에 현금 인출기가 있습니다.
   _____。

3) 물은 있습니다만, 쥬스는 없습니다
   _____。

문화

紀伊国屋 (きのくにや)

1927년 현재의 新宿(しんじゅく)본점이 있는 장소에서 시작한 이래, 전문서랑 양서를 골고루 구색 맞추어 구비하는 것을 모토로 전국 주요도시에 종합서점을 출점하여 왔다.
神田(かんだ)에 있는 三省堂(さんせいどう)、日本橋(にほんばし)에 본사가 있는 丸善(まるぜん)과 함께 유명하다.

国会図書館
<small>こっかい としょかん</small>

> 국회 부속기관으로 1948년에 설립되었다. 도서 및 도서관자료를 수집하여 국회, 행정 및 사법의 각 기관에도 봉사하고 있다. 일본 국내에서 간행되는 도서는 모두 이 곳에 수장된다.

MEMO NOTE

9 いろんな 人が います。

素羅： 原宿は 若い 人が たくさん いますね。
閔： そうですよ。
素羅： すてきな お店が 多いですね。
美羅： 不思議な ファッションの 人も いますね。
閔： 若い ミュージシャンも たくさん いますよ。
　　　 ここは 午後 5時から 10時まで 歩行者天国ですよ。
美羅： あそこの バンドは 上手ですね。
閔： あの バンドは 人気が あります。
素羅： ここは いろんな 人が いますね。
閔： ええ、とても 面白い 町です。

본문어휘

原宿: 지명
若い: 젊다
すてきだ: 멋있다
お店: 가게
不思議だ: 이상하다
ファッション: 패션
ミュージシャン: 음악가
ね: ~군요, ~네요
歩行者: 보행자
天国: 천국
バンド: 밴드
人気: 인기
面白い: 재미있다
町: 거리, 번화가

1 해설

존재 문형

「います」: 스스로 공간이동을 할 수 있는 사람이나 동물 등의 존재를 나타낸다.

★ 우리말의 「있다」에 대응하는 일본어는 「あります」와 「います」의 두 동사이다.

부정형은 「いません」이다.

기본문형: 「～に ～が います。」
ここに 猿(さる)が います。
여기에 원숭이가 있습니다.

기타문형: 「～は ～が います。」
原宿(はらじゅく)は 若(わか)い 人(ひと)が います。
原宿는 젊은 사람이 있습니다.

「～も います。」
ミュージシャンも います。
음악가도 있습니다.

2 문형 연습

<原宿は 若い 人が たくさん いますね。>

上野動物園は 動物が たくさん いますね。
東京は からすが たくさん いますね。
この 公園は 犬が たくさん いますね。
京都は 観光客が たくさん いますね。
早稲田大学は 学生が たくさん いますね。

<ここは 午後 5時から 10時まで 歩行者天国ですよ。>

会社は 12時から 1時まで 昼休みですよ。
火曜日は 午後 3時から 5時まで 会話の 授業ですよ。
私は 月曜日から 金曜日まで 仕事ですよ。
今月は 一日から 三日まで 休みですよ。
アパートは きょうから あしたまで 断水ですよ。

<不思議な ファッションの 人も いますね。>

変な ヘアースタイルの 人も いますね。
はでな ビキニ姿の 人も いますね。
こわい 顔の 人も いますね。
赤い 髪の 人も いますね。
大胆な へそだしルックの 人も いますね。

문형 어휘

動物園 동물원　　動物 동물　　からす 까마귀
犬 개　　京都 지명　　観光客 관광객
昼休み 점심시간,　　会話 회화　　授業 수업
仕事 일　　今月 이 달, 이번 달　　一日 1일
三日 3일　　休み 휴일, 휴가　　アパート 아파트
断水 단수　　変だ 이상하다　　ヘアースタイル 헤어스타일
はでだ 화려하다　　ビキニ姿 비키니 차림　　こわい 무서운, 무섭다
顔 얼굴, 표정　　赤い 빨간, 빨갛다　　髪 머리
大胆だ 대담하다　　へそだしルック 배꼽 내놓은 복장, 배꼽티

형용사(연체형, 종지형 복습)

형용사의 연체형은 종지형(기본형)과 같다.

종지형:	こわい	赤い	美しい
	무섭다	빨갛다	아름답다
연체형:	こわい 人	赤い りんご	美しい 花
	무서운 사람	빨간 사과	아름다운 꽃

시간명사

おととい	きのう	きょう	あした	あさって
그저께	어제	오늘	내일	모레

先先月	先月	今月	来月	再来月
지지난달	지난달	이달	다음달	다다음달

ついたち	ふつか	みっか	よっか	いつか
一日	二日	三日	四日	五日
むいか	なのか	ようか	ここのか	とおか
六日	七日	八日	九日	十日
じゅういちにち	じゅうよっか	じゅうしちにち	じゅうくにち	はつか
十一日	十四日	十七日	十九日	二十日
にじゅういちにち	にじゅうよっか	にじゅうしちにち	にじゅうくにち	なんにち
二十一日	二十四日	二十七日	二十九日	何日

날짜 읽기는 1일~10일까지는 특별한 읽기가 있고, 11일~31일까지는 日로 읽는다. 단, 十四日, 二十日, 二十四日은 특별한 읽기가 있다.

3 회화 연습

1. A: ここは 年輩(ねんぱい)の 人(ひと)が たくさん いますね。
   B: そうですよ。巣鴨(すがも)は "お年寄(としよ)りの 原宿(はらじゅく)" です。
   A: そうですか。
   B: 巣鴨の とげ抜(ぬ)き地蔵(じぞう)は 有名(ゆうめい)です。

2. A: 日本語(にほんご)の 授業(じゅぎょう)は 何時(なんじ)から 何時までですか。
   B: 午前(ごぜん) 9時から 12時(じゅうに)までです。
   A: 毎日(まいにち)ですか。
   B: いいえ、火曜日(かようび)と 木曜日(もく)です。

3. A: あれは 何ですか。
   B: ベイブリッジです。
   A: 横浜(よこはま)の 夜景(やけい)は きれいですね。
   B: はい、とても きれいです。

4. A: ここは 人(ひと)が 多(おお)いですね。
   B: ええ、ここは あの 有名(ゆうめい)な 湘南海岸(しょうなんかいがん)です。
   A: サーファーも たくさん いますね。
   B: はでな ビキニ姿(すがた)の 人も います。

9. いろんな 人が います。

회화 어휘

年輩(ねんぱい) 연배, 중년
とげ抜き地蔵(ぬきじぞう) 족집게 보살
ベイブリッジ 다리이름
湘南(しょうなん) 지명

巣鴨(すがも) 지명
地蔵(じぞう) 지장보살
横浜(よこはま) 지명
海岸(かいがん) 해안

お年寄(としよ)り 늙은이, 나이든 사람
毎日(まいにち) 매일
夜景(やけい) 야경
サーファー 서핑하는 사람, 서퍼

4 연습문제

1. 1)~5)의 설명을 읽고 그림의 ( ) 안에 ①~⑤중 알맞은 답을 골라 써 넣으시오.

( )　( )

( )　( )　( )

① 山口(やまぐち)さん

② アンさん

③ 先生(せんせい)

④ 私(わたし)

⑤ 木村(きむら)さん

105

1) アンさんの 横に 猫が います。
2) 先生の 前に アンさんが います。
3) 私の 横に 先生が います。
4) 私の 前に 山口さんが います。
5) 山口さんの 右に 木村さんが います。

2. 다음 질문에 답하시오.

1) 銀行は 何時から 何時までですか。
　_____。

2) きょうは 何月 何日 何曜日ですか。
　_____。

3) 夏休みは いつから いつまでですか。
　_____。

3. 다음 문장을 일본어로 고치시오.

1) 무서운 표정의 사람도 있습니다.
　_____。

2) 東京는 까마귀가 많군요.
　_____。

3) 1일부터 3일까지 휴일입니다.
　_____。

문화

原宿
はらじゅく

　原宿는 新宿, 渋谷에 인접한 곳으로 10대~20대의 젊은이들의 패션, 예술의 중심지이다. 역을 나오면 개성적인 패션을 한 젊은이들이 여기저기 보인다. 올림픽공원으로 이어지는 거리에서는 프로 지향의 음악가들의 연주랑, 춤이랑 가지각색의 예능을 보이는 재주꾼들과 그들을 보러 모인 사람들로 북적거리고 있다. 또한 原宿역 앞에는 明治神宮라는 일본국왕과 관련된 神社도 있어, 그 엄숙한 분위기와 거리의 활기와는 대조적이다.

MEMO NOTE

10 おばあさんは おいくつですか。

본문어휘

家族(かぞく): 가족
何人(なんにん): 몇 명
6人(ろくにん): 6명
父(ちち): 아버지, 아빠
母(はは): 어머니, 엄마
姉(あね): 언니
弟(おとうと): 남동생
祖母(そぼ): 할머니
学生(がくせい): 학생, 보통 대학생을 일컬음
中学(ちゅうがく): 중학교
1年生(いちねんせい): 일학년

木村: 安(アン)さんの 家族は 何人ですか。
美羅: 6人です。
　　　父、母、姉、弟、祖母が います。
　　　姉は 今 早稲田大学の 学生です。
木村: 弟さんも 学生ですか。
美羅: いいえ、弟は まだ 中学 1年生です。

본문어휘	

アルバム: 앨범
両親(りょうしん): 부모님
若(わか)い: 젊다
おばあさん: 할머니
おいくつ: 몇살
７５才(ななじゅうごさい): 75세

美羅: これ、アルバムです。
　　　これが 私(わたし)の 両親(りょうしん)です。
木村: ご両親 若(わか)いですね。
美羅: ここに 弟(おとうと)が います。
木村: これは おばあさんですか。
美羅: ええ。
木村: おばあさんは おいくつですか。
美羅: ７５才(ななじゅうごさい)です

1 해설

경의의 접두어

「お」: 주로 고유한 일본어에 붙어 경의를 나타낸다.

  예) **お**いくつ 몇 살   **お**名前(なまえ) 성함

「ご」: 주로 한자어에 붙어 경의를 나타낸다.

  예) **ご**両親(りょうしん) 부모님, 양친   **ご**結婚(けっこん) 결혼

가족 호칭

일본어는 우리말과 달리 **남에게 자기 가족을 말할 때는 낮춤말을 쓰고, 남의 가족을 말할 때는 높임말을 쓴다.**

높임말

おじいさん	おばあさん	お父(とう)さん	お母(かあ)さん
할아버지	할머니	아버지	어머니
お兄(にい)さん	お姉(ねえ)さん	弟(おとうと)さん	妹(いもうと)さん
형, 오빠	누나, 언니	남동생	여동생

낮춤말

祖父(そふ)	祖母(そぼ)	父(ちち)	母(はは)
할아버지	할머니	아버지	어머니
兄(あに)	姉(あね)	弟(おとうと)	妹(いもうと)
형, 오빠	누나, 언니	남동생	여동생

단, **자기 가족끼리 부를 때는 손윗사람에게 높임말을 쓴다.**

2 문형연습

<家族は 6人です。>

兄弟は 3人です。
クラスメートは 40人です。
いとこは 2人です。
おいは 1人です。
めいは 4人です。

<弟さんも 大学生ですか。>

お兄さんも 銀行員ですか。
お姉さんも 会社員ですか。
お母さんも 先生ですか。
妹さんも 高校生ですか。
お父さんも 公務員ですか。

<おばあさんは おいくつですか。>

この りんごは おいくらですか。
お名前は 何ですか。
おじいさんは お元気ですか。
日本語が お上手ですね。
妹さんは おいくつですか。

10. おばあさんは おいくつですか。

<ご両親は 若いですね。>

ご出産は いつですか。
ここが ご自宅ですか。
ご親切に どうも。
先生の ご本ですか。
ご機嫌は いかがですか。

문형어휘

兄弟 형제
おい 남자 조카
先生 선생님
りんご 사과
元気だ 건강하다, 활력이 넘치다
ご自宅 자택
いかがですか 어떠십니까

クラスメート 반 친구
めい 여자 조카
高校生 고등학생
おいくら 얼마
ご出産 출산
ご親切に 친절하게

いとこ 사촌
銀行員 은행원
公務員 공무원
お名前 성함
いつ 언제
ご機嫌 기분

3 회화연습

1. A: ご家族は 何人ですか。
   B: 4人です。
   A: ご兄弟は 何人ですか。
   B: 姉と 私の 2人です。

2. A: お母さんも 会社員ですか。
   B: いいえ、主婦です。
   A: 専業主婦ですか。
   B: はい、そうです。

3. A: これが あなたの ご両親ですか。
   B: はい、そうです。
   A: これは お兄さんですか。
   B: いいえ、いとこです。

4. A: おじいさんは おいくつですか。
   B: 62才です。
   A: お若いですね。
   B: そうですね。

회화어휘

主婦 주부   専業 전업

10. おばあさんは おいくつですか。

4 연습문제

1. 다음 질문에 일본어로 답하시오.

 1) 家族は 何人ですか。
 _____。

 2) 兄弟は 何人ですか。
 _____。

 3) クラスメートは 何人ですか。
 _____。

2. 다음 질문에 일본어로 답하시오.

 1) お姉さんも 学生ですか。
  いいえ、_____。
 2) お母さんも 公務員ですか。
  いいえ、_____。
 3) 妹さんも 先生ですか。
  いいえ、_____。

3. 다음 질문에 일본어로 답하시오.

 1) おじいさんは おいくつですか。
 _____。

 2) お父さんは おいくつですか。
 _____。

3) あなたは いくつですか。
   _____。

4. 다음 한국어를 일본어로 옮기시오.

1) 부모님은 젊으시네요.
   _____。

2) 우리 가족은 아버지와 어머니와 형과 나 4명입니다.
   _____。

3) 여동생은 아직 초등학교 6학년입니다.
   _____。

문화

住宅(じゅうたく)

일본에는 지진이 많아서 한국과 같은 고층 아파트 단지는 별로 보이지 않는다. 東京(とうきょう)주변에서도 정원 딸린 주택이 많이 보이며, 일본인들은 정원 딸린 주택을 선호한다. 샐러리맨은 평생 벌어도 東京주변에 집 한 채 사기 힘들기 때문에 도심에서 200km, 300km 떨어진 곳에 집을 사고, 그 곳에서 출퇴근하는 사람들도 적지 않다. 최근에는 자기 집 정원에 한 채를 더 지어 2세대가 같은 부지에 각자의 집을 갖고 사는 가정이랑, 한 채의 집에 현관을 달리하여 생활공간을 따로 갖는 2세대주택 등도 많이 보인다. 신도시에는 고층 아파트랑 대단지등도 보이지만, 정원 등의 공간을 넓게 잡아 항상 지진에 대비하고 있다. 실내는 대체로 한국 집에 비해 좁지만, 그 좁은 공간을 최대한 활용하여 편리한 구조로 되어 있다. 주택의 대부분은 2층집이고, 보통 손님방은 1층 남향의 좋은 방이 사용되고, 침실은 2층에 있다.

MEMO NOTE

11 朝 何時に 起きますか。

본문어휘

朝(あさ): 아침
起(お)きます: 일어납니다(起きる)
朝(あさ)ご飯(はん): 아침밥
を: 을, 를
食(た)べます: 먹습니다(食べる)
トースト: 토스트
と: 와, 과
サラダ: 샐러드
ヨーグルト: 요구르트

閔: 山口(やまぐち)さんは 朝(あさ) 何時(なんじ)に 起(お)きますか。
山口: 6時(ろくじ) 半(はん)に 起きます。
閔: 朝ご飯は 何(なに)を 食(た)べますか。
山口: トーストと サラダと ヨーグルトを 食べます。

閔: 何を 飲みますか。
山口: コーヒーを 飲みます。
閔: 何時に 家を 出ますか。
山口: 7時 半に 出ます。
閔: 会社には 何で 行きますか。
山口: バスと 電車です。
閔: 会社は 何時に 終りますか。
山口: だいたい 6時頃ですが、遅い ことも あります。

본문어휘

飲みます: 마십니다(飲む)
コーヒー: 커피
出ます: 나갑니다, 나옵니다(出る)
に: 에
何: 무엇
で: 으로
行きます: 갑니다(行く)
バス: 버스
電車: 전철
終わります: 끝납니다(終わる)
だいたい: 대체로, 대개
頃: 경, 쯤
が: ~만
遅い: 늦다
こと: 일, 적, 경우

11. 朝 何時に 起きますか。

1 해설

동사

동사의 기본형은 「う」「ぐ」「す」 등 모두 「ウ段」 음으로 끝난다.
동사 활용의 종류에는 규칙동사에 「一段活用動詞」「五段活用動詞」가 있고, 불규칙동사에 「カ行変格活用動詞」「サ行変格活用動詞」가 있다. 이 책에서는 규칙동사는 「일단동사」와 「오단동사」로, 불규칙동사는 「변격동사」로 줄여서 표기하기로 한다.

> 「ます」형(연용형): 동사의 **정중형**이다.
> 「ますか」: 동사의 정중한 **의문형**이다.

일단동사: 어미가 「る」이고, 바로 앞 음이 「い」나 「え」인 경우이다.
「ます」형 → 어미 「る」를 떼고 「ます」를 붙인다.

예) おきる(okiru)	みる(miru)	たべる(taberu)	でる(deru)
일어나다	보다	먹다	나오다
→ おきます	みます	たべます	でます
일어납니다	봅니다	먹습니다	나옵니다

오단동사: 어미가 「く、ぐ、す、ぬ、ぶ、む、う、つ、る」인데, 「る」인 경우는 바로 앞 음이 「い」나 「え」가 아닌 경우이다.
「ます」형 → 어미를 모두 「い段」 음으로 바꾸고 「ます」를 붙인다.

예) のむ(nomu)	いく(iku)	おわる(owaru)
마시다 ↓	가다 ↓	끝나다 ↓
→ のみます(nomimasu)	いきます(ikimasu)	おわります(owarimasu)
마십니다	갑니다	끝납니다

예외) かえる → かえります

변격동사: 「カ行変格活用動詞」인 「来る」와 「サ行変格活用動詞」인 「する」의 두 단어이다.

「ます」형 → 「来る」:「来ます」、「する」:「します」

문형

동사 문형

자동사: バスで 行きます。　　　버스로 갑니다.
何時に 起きますか。　　　몇 시에 일어납니까?
타동사: コーヒーを 飲みます。　　커피를 마십니다.
何を 食べますか。　　　무엇을 먹습니까?

「を」

「お」와 발음은 같으나, 조사로만 쓰인다.

「～ことも あります。」

～ 하는 일(적, 경우)도 있다.

예) 遅い ことも あります。 늦는 적도 있습니다.
キムチを 食べる ことも あります。 김치를 먹을 적도 있습니다.

11. 朝 何時に 起きますか。

2 문형연습

<ヨーグルトを 食べます。>

紅茶を 飲みます。
学校へ 行きます。
友だちと 話します。
雨が 降ります。
うちに 帰ります。

<山口さんは 朝 何時に 起きますか。>

金さんは 6時に 起きますか。
あなたは 夜 12時に 寝ますか。
安さんは 9時に (会社へ) 行きますか。
先生は 4時に 帰りますか。
佐藤さんは 7時に (うちに) いますか。

<会社には 何で 行きますか。>

会社には バスで 来ますか。
学校には 自転車で 通いますか。
デパートには 電車で 行きますか。
日本には 飛行機で 帰りますか。
キャンプには 車で 出かけますか。

<　帰りは　だいたい　6時頃です。　>

結婚式は　だいたい　秋頃です。
帰国は　だいたい　7月頃です。
会議は　だいたい　水曜日頃です。
起床は　だいたい　7時頃です。
修学旅行は　だいたい　10月頃です。

<　遅い　ことも　あります。　>

暇な　ことも　あります。
親切な　ことも　あります。
船で　行く　ことも　あります。
着物を　着る　ことも　あります。
忙しい　ことも　あります。

문형어휘

紅茶 홍차	友だち 친구	と 와, 과
話す 이야기하다	雨 비	降る (눈, 비) 오다, 내리다
帰る 돌아가다, 돌아오다	寝る 자다	バス 버스
来る 오다	自転車 자전거	通う 다니다
デパート 백화점	飛行機 비행기	キャンプ 캠프
出かける 외출하다, 나가다	帰り 귀가	暇だ 한가하다, 시간이 있다
船 배	着物 일본 전통의상, 옷	着る 입다
忙しい 바쁘다		

3 회화연습

1. A: 朝ご飯は 何を 食べますか。
   B: パンを 食べます。
   A: 昼ご飯は 何を 食べますか。
   B: ラーメンを 食べます。

2. A: 何時に 家を 出ますか。
   B: 8時に 出ます。
   A: 何時に 家に 帰りますか。
   B: 7時頃 帰ります。

3. A: 学校には 何で 行きますか。
   B: 自転車で 行きます。
   A: 佐藤さんも 自転車で 行きますか。
   C: いいえ、私は バスで 行きます。

4. A: 森さん、週末は 忙しいですか。
   B: だいたい 忙しいですが、暇な ことも あります。
   A: 鈴木さんは どうですか。
   B: そうですね、私は いつも 暇です。

회화어휘

パン 빵	昼ご飯 점심밥	週末 주말
鈴木 인명(성)	いつも 늘, 항상, 언제나	

4 연습문제

1. ___에 알맞은 조사를 써넣으시오.

   1) トースト_____ サラダ_____ ヨーグルト_____ 食べます。
   2) 会社_____ は 何_____ 行きますか。
   3) うち_____ 帰ります。
   4) 雨_____ 降ります。
   5) だいたい 6時頃です_____、遅い こと_____ あります。

2. 다음 질문에 일본어로 답하시오.

   1) 朝 何時に 起きますか。
      _____。
   2) 学校には 何で 来ますか。
      _____。
   3) 昼ご飯は 何を 食べますか。
      _____。
   4) 何時に 家に 帰りますか。
      _____。
   5) 何時に 寝ますか。
      _____。

3. 다음 문장을 일본어로 바꾸시오.

   1) 대체로 7시경에 일어납니다.
      _____。

11. 朝 何時に 起きますか。

2) 회사는 몇 시에 끝납니까?
　　_____ 。

3) 한가할 때도 있습니다.
　　_____ 。

문화

食事
しょくじ

　일본의 주식은 밥이지만, 최근엔 세끼 모두 밥을 먹는 집은 드문 것 같다. 특히 도회지에서는 식생활이 서양화되어 아침에는 간단히 토스트랑 셀러드 정도로 하고, 점심에는 라면이랑 우동 등의 면류를 먹고, 저녁에는 밥을 먹는 식의 사람들이 많아졌다. 우리나라처럼 매운 것은 별로 먹지 않는다. 반찬의 대부분은 한 끼 식사에서 다 먹을 수 있을 정도의 양이고, 식당에서도 많은 종류의 반찬이 나오지는 않으며, 또 음식을 남기는 일도 거의 없다. 가정에서도 반찬 수는 대체로 서 너 종류이고, 각자 개별 접시에 담겨 있거나 또는 자기가 먹을 양만큼만, 덜어내는 젓가락(取り箸)으로 자기 접시에 덜어 먹는다. 우리나라와 같이 냄비채로 함께 먹는 일은 없다.

12 お酒は よく 飲みますか。

본문어휘

毎日（まいにち）: 매일
飲み会（のみかい）: 회식
日（ひ）: 날
よく: 자주, 잘

関： 山口さんは 毎日 何時頃 家に 帰りますか。
山口： そうですね。
　　　 いつもは 7時 半頃ですが、飲み会の 日は 遅い です。

閔: お酒は よく 飲みますか。
山口: 1週間に 1度 ぐらいです。
　　 閔さんは どうですか。
閔: 私も 同じ くらいです。
　　 山口さんは 日曜日には 何を しますか。
山口: だいたい 家族と いっしょに 公園などに 行きます。
　　 たまに ゴルフに 行く 日も あります。
　　 閔さんは 何を しますか。
閔: 家で テレビを 見るか、友だちに 会います。

본문어휘

1週間: 일주일
1度: 한 번
ぐらい(くらい): 정도, 가량
同じだ: 같다
する: 하다
だいたい: 대강, 대체로
いっしょに: 함께
たまに: 가끔
ゴルフ: 골프
に: ~하러
で: 에서
友だち: 친구
に: 를
会う: 만나다

12. お酒は よく 飲みますか。

1 해설

동사

의문형: 「ます」에 의문조사 「か」를 붙인다. → 「ますか」

예) お酒は よく 飲みますか。　술은 자주 마십니까?

연체형: 동사의 종지형(기본형)과 같다.

예) ご飯を 食べる。　→　ご飯を 食べる 人
　　밥을 먹는다　　　　　밥을 먹는 사람
　　テレビを 見る。　→　テレビを 見る 時間
　　텔레비전을 본다.　→　텔레비전을 보는 시간

「に」

목적을 나타낸다. 「~하러」의 뜻이다.
뒤에는 「行く」「来る」와 같이 이동동사가 온다.

예) ① ゴルフに 行きます。　　골프하러 갑니다.
　　② 飲みに 来ます。　　　　마시러 옵니다.

접속:　① 과 같은 「명사+する(하다)」 → 「명사 + に 行きます」
　　　　예)　　　ゴルフする　　→　ゴルフ に 行きます
　　　② 와 같은 동사 → 「동사의 ます형 + に 行きます」
　　　　예)　　　飲みます　　　→　飲み に 行きます

「で」

동작하는 장소를 나타낸다.

예) 家で テレビを 見ます。　　집에서 텔레비전을 봅니다.

「に」

만나는 대상을 나타낸다.

예) 友だちに 会います。　　친구를 만납니다.

「度」: 횟수를 나타낸다.

一度 (いちど)	二度 (にど)	三度 (さんど)	四度 (よんど)
五度 (ごど)	六度 (ろくど)	七度 (ななど)	八度 (はちど)
九度 (くど)	十度 (じゅうど)	何度 (なんど)	

2 문형연습

<お酒は よく 飲みますか。>

　ピザは よく 食べますか。
　ピアノは よく ひきますか。
　映画は よく 見ますか。
　ゴルフは よく しますか。
　手紙は よく 書きますか。

<一週間に 一度ぐらいです。>

　一ヶ月に 二度ぐらいです。
　二三日に 一度ぐらいです。
　四日に 一度ぐらいです。
　二年に 一度ぐらいです。
　一生に 一度ぐらいです。

<日曜日には 何を しますか。>

　夏休みには 旅行を しますか。
　土曜日には デートを しますか。
　週末には ビデオを 見ますか。
　夜には 本を 読みますか。
　飲み会の 日には 歌を 歌いますか。

<ゴルフに 行く 日も あります。>

(「명사+に+行く」)
買い物に 行きます。
旅行に 出かけます。
語学研修に 来ます。
サッカーの 応援に 行きます。
ピアノの レッスンに 行きます。

<ビールを 飲みに 行きます。>

(「동사의 ます형+に+行く」)
ソウルに 遊びに 行きます。
映画館に 映画を 見に 行きます。
学校へ レポートを 出しに 行きます。
友だちが 家に 泊りに 来ます。
畑へ 芋を 掘りに 行きます。

<ゴルフに 行く 日も あります。>

パンを 食べる 人も います。
コーヒーを 飲む ときも あります。
映画を 見る 日も あります。
友だちに 会う ことも あります。
手紙を 書く ことも あります。

12. お酒は よく 飲みますか。

연습어휘

ピザ 피자	ピアノ 피아노	ひく (피아노를)치다
映画(えいが) 영화	手紙(てがみ) 편지	書(か)く 쓰다
一ヶ月(いっかげつ) 일개월	二三日(にさんにち) 2, 3일	四日(よっか) 나흘, 4일
二年(にねん) 2년	一生(いっしょう) 일생, 평생	夏休(なつやす)み 여름방학
旅行(りょこう) 여행	デート 데이트	週末(しゅうまつ) 주말
ビデオ 비디오	夜(よる) 밤	読(よ)む 읽다
歌(うた) 노래	歌(うた)う (노래)부르다	買(か)い物(もの) 물건사기, 쇼핑
とき 때	出(で)かける 나가다, 외출하다	語学研修(ごがくけんしゅう) 어학연수
サッカー 축구	応援(おうえん) 응원	レッスン 레슨
遊(あそ)ぶ 놀다	映画館(えいがかん) 영화관	へ 에, 로
レポート 리포트	出(だ)す 제출하다, 내다	泊(とま)る 묵다
畑(はたけ) 밭	芋(いも) 고구마	掘(ほ)る (고구마를)캐다, 파다
ゴルフ 골프	パン 빵	見(み)る 보다
に 을, 를	会(あ)う 만나다	

「へ」

방향과 목적지를 나타내는 조사이다. 「~로, ~에」

> 예) 学校(がっこう)へ 行きます。   家(うち)へ 帰(かえ)ります。
> 학교에 갑니다.   집으로 돌아갑니다.

3 회화연습

1. A: 毎日 何時頃 寝ますか。
   B: 普通は １２時頃ですが、遅い ことも あります。
   A: では、何時頃 起きますか。
   B: ７時頃です。
2. A: 鈴木さんは 映画は よく 見ますか。
   B: 一ヶ月に 二度ぐらいです。佐藤さんは どうですか。
   A: 私は 二三日に 一度ぐらいです。
   B: 佐藤さんは 映画を よく 見ますね。
3. A: 閔さん、週末には 何を しますか。
   B: 家で 音楽を 聞くか、テニスを します。
   A: 安さんは 何を しますか。
   B: 家で 掃除を するか、デパートに 行きます。
4. A: 安さんは 夏休みには 旅行に 行きますか。
   B: はい、行きます。
   A: どこに 行きますか。
   B: だいたい 山に 行きますが、たまには 海にも 行きます。

회화어휘

寝る 자다	普通 보통	遅い 늦다
週末 주말	音楽 음악	聞く 듣다
掃除 청소	夏休み 여름방학	海 바다

4 연습문제

1. 다음 질문에, ( ) 안의 단어를 사용하여 일본어로 답하시오.

   1) 日本料理は よく 食べますか。（一週間に 一度）
   _____。

   2) 運動は よく しますか。（毎日）
   _____。

   3) 旅行は よく しますか。（あまり）
   _____。

2. 다음 질문에 보기와 같이 답하시오.

   > 보기) 毎朝 何を 食べますか。（ご飯を 食べる／パンを 食べる）
   > 毎朝:매일아침
   > ご飯を 食べるか、パンを 食べます。

   1) 週末には 何を しますか。（映画を 見る／ショッピングを する）
   ショッピング: 쇼핑
   _____。

   2) 夜には 何を しますか。（本を 読む／テレビを 見る）
   _____。

   3) 夏休みには 何を しますか。（旅行を する／バイトを する）
   _____。

3. 다음의 한국어를 일본어로 바꾸시오.

1) 안미라씨는 영화를 자주 봅니까?
   _____。

2) 매일아침 쥬스를 마시거나 커피를 마십니다. (쥬스: ジュース, 커피: コーヒー)
   _____。

3) 주말에는 쇼핑하러 갑니다.
   _____。

문화

술

　일본에서는 술을 마실 때 특별한 방식이 있지는 않지만, 보통 맥주를 한 두 잔 마신 후에 각자 좋아하는 것을 마십니다. 맥주를 좋아하는 사람은 계속해서 맥주를 마시고, 정종(日本酒)을 좋아하는 사람은 정종을 마십니다. 정종은 취향에 따라 따끈하게(熱燗) 마시기도 하고 차게(お冷や) 마시기도 합니다. 또한 소주를 마시는 사람들의 대부분은 스트레이트로 마시는 일은 거의 없고, 컵의 4분지 1 정도에 소주를 따르고 사이다나 우롱차나 따끈한 물 등을 타서 마십니다. 위스키랑 와인을 즐겨 마시는 사람도 많습니다. 가정에서는 저녁식사 때 정종 등, 좋아하는 술을 조금 마시고 나서 먹기 시작하는 경우가 많습니다.

　술을 상대방에게 따르거나 받을 때에는 우라 나라와는 달리 양손을 쓰지 않고 한 손으로 따르거나 받는 경우도 흔히 있습니다.

MEMO NOTE

13 一緒に 初詣に 行きませんか。

본문어휘

明けまして おめでとうございます。: 신년인사, 새해 복 많이 받으세요
今年も よろしく お願いします。: 신년인사, 올해도 잘 부탁합니다.
お正月: 설날
旧正月: 음력설

山口: 明けまして、おめでとうございます。
関: 明けまして、おめでとうございます。
　　 今年も よろしく お願いします。
山口: 関さんは お正月に 韓国に 帰りますか。
関: いいえ、韓国は 旧正月ですから 帰りません。
　　 山口さんは お正月に 何を しますか。

山口: 初詣をします。それから、子どもたちと凧あげを します。
　　　韓国でも お正月に 初詣を しますか。
閔: いいえ、初詣は しません。
山口: それでは 閔さんも 一緒に 初詣に 行きませんか。
閔: はい、ありがとうございます。

본문어휘

初詣: 설날 아침에 神社에 가서 일년 동안의 소원과 건강 등을 기원하는 것
から ~: 때문에
それから: 그리고 나서
凧あげ: 연날리기
一緒に: 함께
行きませんか: 가지 않겠습니까, 안 가실래요

13. 一緒に 初詣に 行きませんか。

1 해설

문형

「一緒に ~ ませんか。」: 「ません+か」로 권유문이다.
예) 一緒に 初詣に 行きませんか。
함께 신년 기원하러 가지 않으시겠어요?

신년인사: 다음과 같이 정해진 인사말을 쓴다.
「明けまして おめでとうございます。」 새해 복 많이 받으세요.
「今年も よろしく お願いします。」 올해도 잘 부탁드립니다.

시간명사

一昨年	去年	今年	来年	再来年
재작년	작년	올해	내년	후년

2 문형연습

<明けまして、おめでとうございます。>

お誕生日、おめでとうございます。
ご結婚、おめでとうございます。
ご出産、おめでとうございます。
ご入学、おめでとうございます。
ご卒業、おめでとうございます。

<初詣は しません。>

たばこは 吸いません。
ラーメンは 食べません。
テニスは しません。
酒は 飲みません。
ご飯は 食べません。

<韓国は 旧正月ですから、帰りません。>

インドは 暑いですから、行きません。
キムチは 辛いですから、食べません。
この 服は 高いですから、買いません。
納豆は きらいですから、食べません。
私は 男ですから、泣きません。

13. 一緒に 初詣に 行きませんか。

<初詣を します。それから 子どもたちと 凧あげを します。>

歯を 磨きます。それから 寝ます。
朝 起きます。それから 顔を 洗います。
家に 帰ります。それから テレビを 見ます。
お風呂に 入ります。それから ビールを 飲みます。
映画を 見ます。それから ドライブを します。

<閔さんも 一緒に 初詣に 行きませんか。>

お菓子 食べませんか。
映画 見ませんか。
明日 家に 来ませんか。
バトミントン しませんか。
日本に 行きませんか。

문형어휘

お誕生日 생신, 생일 (공손한 말)
ご卒業 졸업 (공손한 말)
テニス 테니스
辛い 맵다, 짜다
買う 사다
磨く 닦다
お風呂 목욕, 목욕탕
ドライブ 드라이브
バトミントン 배드민턴

ご出産 출산 (공손한 말)
たばこ 담배
インド 인도
服 옷
泣く 울다
顔 얼굴
入る 들어가다, 들어오다
お菓子 과자

ご入学 입학 (공손한 말)
吸う 피우다
キムチ 김치
高い 비싸다
歯 이, 치아
洗う 씻다, 빨다, 감다
ビール 맥주
明日 내일

3 회화연습

1. A: ご出産 おめでとうございます。
   B: ありがとうございます。
   A: 男の子ですか。
   B: はい、そうです。

2. A: 安さんは 納豆を 食べますか。
   B: いいえ、納豆は きらいですから、食べません。
   　　山口さんは キムチを 食べますか。
   A: はい、キムチは とても おいしいです。

3. A: お菓子 食べませんか。
   B: いただきます。
   　　これは 何という お菓子ですか。
   A: 甘納豆です。

4. A: 朝 何を しますか。
   B: 顔を 洗います。それから コーヒーを 飲みます。
   A: 会社は 何時に 行きますか。
   B: 7時 半に 行きます。

회화어휘

男の子 남자아이	おいしい 맛있다	いただきます 잘 먹겠습니다
という ~라고 하는	甘納豆 설탕으로 달고 부드럽고 물기 없이 가공한 콩종류	

13. 一緒に 初詣に 行きませんか。

4 연습문제

1. 다음을 보기)와 같이 바꾸시오.

   보기) 帰る → 帰ります → 帰りません

   1) 食べる → _____ → _____
   2) 行く → _____ → _____
   3) 起きる → _____ → _____
   4) する → _____ → _____
   5) 来る → _____ → _____

2. ____ 에는 알맞은 말을 넣고, ( ) 속의 동사는 적당한 형태로 고치시오.

   1) A: 田中さんは コーヒーを (飲む)_____ 。
      B: いいえ、コーヒーは きらいです____、(飲む)_____。
         金さんは コーヒーを (飲む)_____。
      A: はい、私は コーヒーを (飲む)_____。

   2) A: 一緒に、ビデオを (見る)_____ 。
      B: はい、いいですね。
         これは 何____ 映画ですか。
      A: 「ラブレター」です。

147

3. 다음 문장을 일본어로 바꾸시오.

1) 내일 우리 집으로 오지 않겠습니까?
　_____。

2) 이 옷은 비싸기 때문에 사지 않습니다.
　_____。

3) 책을 읽습니다. 그리고 나서 잡니다.
　_____。

문화

大晦日・初詣
おおみそか はつもうで

　일본에서는 양력으로 설을 센다. 연말이 되면 망년회랑 일년동안 신세진 분들에게 보내는 인사장 연말선물 등으로 시작하여 대청소, 설음식(おせち) 준비로 대단히 바쁘다. 특히 연하장은 가족 친구 선생님 상사 등에게 보내는데 많은 사람은 백장이상도 보낸다. 만약 보내지 않은 사람으로부터 연하장이 오면 1월 초순 안에 답장을 보내는 것이 예의이다. 많이 쓰는 연하장으로는 우체국에서 발행하는 엽서연하장인데, 만약을 대비해 흔히들 여분의 연하장을 사둔다. 또한 이 엽서연하장에는 고유번호가 있어서 경품에 당첨되기도 하는 재미도 있다.

　大晦日(12월31일)는 일년 묵은 때를 다 닦아 내고 새해를 맞이한다는 뜻에서 대청소를 한다. 또한 제야의 종이 울리기를 기다리면서 묵은 해를 보내며 메밀국수(年越しそば)를 먹는 풍습이 있다. 메밀국수(年越しそば)는 새로운 해를 맞이하는데 있어 건강과 장수를 빌면서 먹는다. 새해가 밝으면 컴컴한 새벽부터 신년을 기원하기 위하여 절이나 신사에 가는 사람도 많다. 이 것을 初詣라고 한다. 이 때 着物를 입고 가는 사람들이 많다.

MEMO NOTE

14 森さんは 何を しましたか。

본문어휘

ましたか:
～했습니까
ました:
～했습니다
冬休(ふゆやす)み: 겨울방학
釜山(プサン): 지명

森　：安(アン)さんは 冬休(ふゆやす)み 何(なに)を しましたか。
素羅：私(わたし)は 韓国(かんこく)の 家(うち)に 帰(かえ)りました。
森　：安さんの 家は どこですか。
素羅：釜山(プサン)です。
　　　森(もり)さんは 何を しましたか。

森 ：私も 長野の 家に 帰りました。
家で おせちを 食べました。
それから 家の 近くの スキー場で スキーを しました。

素羅：いいですね。家の 近くに スキー場が ありますか。

森 ：ええ、長野には たくさんの スキー場が あります。今度 いっしょに 行きましょう。

본문어휘

長野: 지명
おせち: 설음식
近く: 근처
スキー場: 스키장
スキー: 스키
いいですね: 좋겠네요
今度: 요번, 이번에, 요다음에
ましょう: ～합시다

14. 森さんは 何を しましたか。

1 해설

문형

「～ました。」: 동사의 정중한 **과거형**이다.

예) 家で おせちを 食べました。
집에서 설음식을 먹**었습니다**.

「～ましたか。」: 동사의 정중한 **과거의문형**이다.

예) 森さんは 何を しましたか。
森씨는 무엇을 했**습니까?**

「～ましょう。」: 동사의 정중한 **권유형**이다.

예) 今度 いっしょに 行きましょう。
요 다음에 같이 **갑시다**.

2 문형연습

<冬休み 何を しましたか。>

きのう 勉強を しましたか。
今朝 ～べましたか。
～か。
～ましたか。
～したか。

<～で おせちを 食べました。>

学校で 勉強を しました。
レストランで ステーキを 食べました。
秋葉原で コンピューターを 買いました。
映画館で 映画を 見ました。
友だちの 家で トランプを しました。

<長野には たくさんの スキー場が あります。>

新宿には 都庁が あります。
京都には 古い お寺が あります。
神田には 古本屋が あります。
銀座には 高級バーが あります。
原宿には おもしろい 店が あります。

14. 森さんは 何を しましたか。

<今度 いっしょに 行きましょう。>

今晩 いっしょに 飲みましょう。
今週 いっしょに ミュージカルを 見ましょう。
今月 いっしょに 旅行を しましょう。
今年 いっしょに 家を 建てましょう。
今日 いっしょに 帰りましょう。

문형어휘

きのう 어제
レストラン 레스토랑
トランプ 트럼프
古本屋 헌책방
おもしろい 재미 있다
今週 금주

今朝 오늘아침
ステーキ 스테이크
古い 오래 된, 낡은
銀座 지명
店 가게
今月 이달

昨晩 어젯밤
秋葉原 지명
お寺 절
高級バー 고급 빠
今晩 오늘밤
今日 오늘

3 회화연습

1. A: 冬休み 何を しましたか。
   B: 故郷に 帰りました。
   A: 鈴木さんは 何を しましたか。
   B: 私も 故郷に 帰りました。

2. A: どこで お昼を 食べましたか。
   B: 学食で 定食を 食べました。
   A: 山田さんは。
   B: 私は マクドナルドで チキンバーガーセットを 食べました。

3. A: 学校の 近くに 本屋が ありますか。
   B: ええ、たくさんの 本屋が あります。
   A: 食堂も ありますか。
   B: もちろん 食堂も あります。

4. A: 渡辺さんの 下宿先は どこですか。
   B: 渋谷です。
   A: 伊藤さんの アパートは どこですか。
   B: 吉祥寺です。

5. A: 日本は 温泉が 多いですか。
   B: ええ、そうです。
      家の 近くにも たくさん あります。
   A: いいですね。
   B: 今度 いっしょに 行きましょう。

회화어휘

故郷 고향	学食 학교식당	定食 정식
マクドナルド 맥도날드	チキンバーガーセット 치킨버거 세트	食堂 식당
もちろん 물론	伊藤 인명(성)	温泉 온천

山田さんは。 이 경우는 묻는 말로 「山田씨는요?」 라는 뜻이다

14. 森さんは 何を しましたか。

4 연습문제

1. 다음 질문에 일본어로 답하시오.

 1) きのう 何を しましたか。
 _____。

 2) あなたの 故郷は どこですか。
 _____。

 3) どこで アルバイトを しましたか。
 _____。

 4) 家の 近くに 銭湯は ありますか。(銭湯:공중탕)
 _____。

2. 아래 보기에서 가장 알맞은 단어를 골라서 _____ 에 그 번호를 써넣으시오.
 (단 한번씩만 사용할 것)

 1) _____ 何を しましたか。
 2) _____ は どこですか。
 3) _____ で _____ を しましたか。
 4) _____ に _____ が ありますか。

보기: ①レストラン ②会社 ③学校の 前 ④食事 ⑤文房具屋 ⑥週末

3. 다음 문장을 일본어로 옮기시오.

1) 친구 집에서 트럼프를 했습니다.
   _____。

2) 別府에는 많은 온천이 있습니다. (別府: 지명)
   _____。

3) 내일 영화를 함께 봅시다.
   _____。

문화

눈 이야기

　일본열도 중앙에는 열도를 따라 높은 산이 늘어서 있다. 겨울이 되면 시베리아에서 습기를 머금은 바람이 불어 와, 이 산들에 부딪혀 동해 쪽으로 많은 눈을 뿌린다. 눈이 많은 지역에서는 눈 무게로 집이 무너지지 않도록 지붕형태를 신경 쓰기도 학고, 차도가 얼지 않도록 스프링쿨러 등으로 물을 뿌리기도 하여, 다양한 눈 대책을 세운다. 또한 북쪽은 北海道(ほっかいどう)로 부터 남쪽은 中国地方(ちゅうごくちほう)(本州(ほんしゅう)의 서부 지역)까지 스키장이 산재하여 어른부터 아이까지 많은 사람들이 겨울에 스키를 즐긴다. 北海道의 札幌(さっぽろ)에서는 매년 겨울이 되면 눈축제(雪祭)(ゆきまつり)를 한다. 札幌 중심가에 거대한 눈덩어리로 여러가지 조각을 만들어 놓는데, 밤에 조명을 비추어 아름다운 광경을 연출한다.

MEMO NOTE

15 平日は 6時までで、土日は 8時までです。

본문어휘

えーと: 에~
時間: 시간
平日: 평일
午後: 오후
土日: 토 일요일
午前: 오전

美羅: 木村さんは きのう 何時に 帰りましたか。
木村: えーと、11時頃です。
美羅: 毎日 何時間ぐらい アルバイトを しますか。
木村: 5時間ぐらいです。
　　　平日は 午後 5時から 10時までで、土日は 午前 10時から 夕方 5時までです。
　　　安さんは。

161

美羅: 私は 平日は 午後 2時から 6時までで、土日は
午後 3時から 8時までです。
木村: 今度 一杯 どうですか。
美羅: いいですね。
木村: 駅前の 焼肉屋に 行きましょう。
美羅: 今度の 土曜日は どうですか。
木村: いいですよ。

본문어휘

一杯: 한 잔
駅前: 역앞
焼肉屋: 불고기집
どうですか: 어떻습니까

15. 平日は 6時までで、土日は 8時までです。

1 해설

문형

「 ～ で、 ～ です。」
예) 平日は 10時までで、土日は 夕方 5時までです。
평일은 10시까지이고, 토 일은 저녁 5시까지입니다.

「 ～ どうですか。」
예) 一杯 どうですか。
한 잔 어떠세요?

2 문형연습

<毎日 何時間ぐらい アルバイトを しますか。>

安さんの 家は 毎朝 ご飯ですか。
毎回 漢字の テストが あります。
毎月 第3日曜日に 集まります。
毎度 ありがとうございます。
毎晩 アルバトに 行きます。

＜5時間（ごじかん）ぐらいです。＞

一週間（いっしゅうかん）は 七日（なのか）です。
日本語（にほんご）を 1年間（いちねんかん） 勉強（べんきょう）しました。
6ヶ月間（ろっかげつかん） アルバイトを しました。
8時間（はちじかん）ぐらい 寝（ね）ます。
修理（しゅうり）は 三日間（みっかかん）ぐらい かかります。

＜平日は 午後 2時から 6時までで、土日は 午後 3時から 8時までです。＞

朝食（ちょうしょく）は パンで、夕食（ゆうしょく）は ご飯（はん）です。
彼（かれ）は 貴（たか）の花（はな）の ファンで、私（わたし）は 武蔵丸（むさしまる）の ファンです。
父（ちち）は 会社員（かいしゃいん）で、母（はは）は 主婦（しゅふ）です。
山口（やまぐち）さんは サッカーが 好（す）きで、私は 野球（やきゅう）が 好きです。
佐藤（さとう）さんは 英語（えいご）が 上手（じょうず）で、スミスさんは 日本語（にほんご）が 上手です。

＜駅前（えきまえ）の 焼肉屋（やきにくや）に 行（い）きましょう。＞

今度（こんど） 野球を 見（み）に 行きましょう。
いっしょに テレビを 見ましょう。
ご飯 食（た）べましょう。
バドミントンを しましょう。
旅行（りょこう）に 行きましょう。

15. 平日は 6時までで、土日は 8時までです。

시간명사

回: 회수를 나타낸다.

いっかい	にかい	さんかい	よんかい
一回	二回	三回	四回
ごかい	ろっかい	ななかい	はちかい
五回	六回	七回	八回
きゅうかい	じゅっかい	なんかい	
九回	十回	何回	

時間　週間　ヶ月　日間

時間	週間	ヶ月	日間
(시간)	(주일)	(개월)	(일간)
いちじかん 一時間	いっしゅうかん 一週間	いっかげつ 一ヶ月	いちにち 一日
にじかん 二時間	にしゅうかん 二週間	にかげつ 二ヶ月	ふつかかん 二日間
さんじかん 三時間	さんしゅうかん 三週間	さんかげつ 三ヶ月	みっかかん 三日間
よじかん 四時間	よんしゅうかん 四週間	よんかげつ 四ヶ月	よっかかん 四日間
ごじかん 五時間	ごしゅうかん 五週間	ごかげつ 五ヶ月	いつかかん 五日間
ろくじかん 六時間	ろくしゅうかん 六週間	ろっかげつ 六ヶ月	むいかかん 六日間
しちじかん 七時間	ななしゅうかん 七週間	ななかげつ 七ヶ月	なのかかん 七日間
はちじかん 八時間	はっしゅうかん 八週間	はっかげつ 八ヶ月	ようかかん 八日間
くじかん 九時間	きゅうしゅうかん 九週間	きゅうかげつ 九ヶ月	ここのかかん 九日間
じゅうじかん 十時間	じゅっしゅうかん 十週間	じゅっかげつ 十ヶ月	とおかかん 十日間

문형어휘

まいあさ 毎朝 매일 아침
テスト 테스트
あつまる 集まる 모이다
しゅうり 修理 수리
ゆうしょく 夕食 저녁식사
しょくじかい 食事会 식사모임

まいかい 毎回 매회
まいつき 毎月 매달
まいど 毎度 매번
かかる 걸리다
やきにくや 焼肉屋 불고기집

かんじ 漢字 한자
だいさん 第3 제3
べんきょうする 勉強する 공부하다
ちょうしょく 朝食 아침식사
やきゅう 野球 야구

3 회화연습

1. A: 毎日 日本語の 授業が ありますか。
   B: いいえ、週に 二回 あります。
   A: 毎回 漢字の テストが ありますか。
   B: はい、あります。

2. A: 日本語は どれくらい 勉強しましたか。
   B: 一年間ぐらい 勉強しました。
   A: どこで 習いましたか。
   B: 日本語学校で 習いました。

3. A: 安さんの 家は 毎朝 ご飯ですか。
   B: はい、そうです。山口さんの うちは。
   A: うちは 朝は パンで、夜は ご飯です。

4. A: 安さんは 野球が 好きですか。
   B: はい、大好きです。
   A: どこの チームが 好きですか。
   B: ジャイアンツです。今度 いっしょに 野球を 見に 行きましょう。

회화어휘

週に 일주일에　　**どれくらい** 어느 정도, 얼마나　　**習う** 배우다
毎朝 매일 아침　　**朝** 아침　　**夜** 저녁
大好きだ 매우 좋아하다　　**どこの チーム** 어느 팀　　**ジャイアンツ** 자이안트, 야구팀 이름

15. 平日は 6時までで、土日は 8時までです。

4 연습문제

1. 보기)와 같이 문을 바꾸시오.

> 보기) 朝食は パンです。夕食は ご飯です。
> → 朝食は パンで、夕食は ご飯です。

1) 彼は 学生です。彼女は 先生です。
   → _____。

2) ハリーさんは 日本語が 上手です。金さんは 英語が 上手です。
   → _____。

3) 郵便局は 平日は 9時から 5時までです。土曜日は 9時から 1時までです。
   → _____。

2. 다음 질문에 답하시오.

1) 一週間は 何日ですか。
   _____。

2) 日本語を 毎日 何時間 勉強しますか。
   _____。

3) 一年は 何ヵ月ですか。
   _____。

3. 다음 문장을 일본어로 바꾸시오.

1) 山口씨는 축구를 좋아하고, 나는 야구를 좋아합니다.
   _____。

2) 같이 텔레비전을 봅시다.
   _____。

3) 매년 12월에 시험이 있습니다.
   _____。

문화

아르바이트

 일본에서의 아르바이트의 대부분은 정사원의 보조적인 역할이다. 직종도 다양한데, 정사원의 지시에 따라서 일하는 시간 동안은 쉬지 않고 한다. 아르바이트를 하는 사람의 대부분이 학생이랑 주부이다. 학생은 수업시간을 피해 저녁때부터 밤에 걸쳐 일하거나 토 일요일에 하고, 주부는 아이들이 집에 돌아오기 전까지로 각각 사정에 맞춰 시간을 선택한다. 보수는 직종이랑 시간대에 따라 다르지만, 보통 시급 800엥 내외이다.

 일본의 학생들은 아르바이트를 많이 하는 편이다. 대학생이 되면 될 수 있는 한 부모로부터 용돈을 다 받아쓰지 않고, 일부라도 자신이 벌어 쓰려는 경향이 있다.

저자 약력

김 옥영
일본 筑波(쯔꾸바)대학 대학원 석 박사과정 수료 언어학 박사
현재 부산대학교 일어일문학과 교수

저서
「大学日本語」 부산대학교 출판부
「日本語, 나도 할 수 있다」 부산대학교 출판부
「니홍고야 놀자 초급」 J&C
「니홍고야 놀자 중급」 J&C
「日本語 쓰기」 부산대학교 출판부

柳 郁子
일본 東京国際大学졸업
부산대학교 대학원 석사과정(일어학) 수료 문학석사
부산대학교 대학원 박사과정(일어학) 재학중
전 대동대학 관광레저경영학과 교수
전 인제대학교 일본어과 강사
현재 동서대학교 어학당 일본어 강사

森長 えみ子
일본 筑波(쯔꾸바)대학 졸업
부산대학교 대학원 석사과정(일어학) 수료 문학석사
부산대학교 대학원 박사과정(일어학) 재학중
현재 창원전문대학 교수

일본문화와 함께 하는
회화 여행

초판 2003년 8월 29일 발행

지은이 | 김옥영・柳 郁子(りゅう いくこ)・森長 えみ子(もりなが えみこ)
발행인 | 윤석용
발행처 | 제이앤씨
편 집 | 심현숙
일러스트 | 심현숙

서울 도봉구 쌍문동 528-1
전화 | (02) 992-3253 FAX | (02) 991-1285
등록 | 제7-220호
E-mail | jncbook@hananet.net
URL http:// www.jncbook.co.kr

- 저자 및 출판사의 허락없이
  이 책의 일부 또는 전부를 무단복제・전재・발췌할 수
  없습니다.
- 잘못된 책은 바꿔 드립니다.

ⓒ 제이앤씨 2003 Printed in Seoul Korea
   ISBN 89-5668-041-8 03730